傾聴術

ひとりで磨ける“聴く”技術

古宮《こみや》 昇《のぼる》

誠信書房

はじめに

あなたは、友達の心の支えになりたい、と願っているのでしょうか。それとも、家族か職場の誰かを助けてあげたいと願っているのでしょうか。または、あなたは教育の仕事や福祉職、医療関連の仕事をされていて、子どもや患者さんたちの心を理解し支えたい、と願っているのでしょうか。あるいは、臨床心理士、悩み電話の相談員、ボランティア・カウンセラーなどの心の専門家でしょうか。

あなたがどの立場であっても、共通して大切なことがあります。それは、話し手の気持ちを話し手の身になって理解するとともに、「理解しています」ということを相手に伝えることです。

この本は、その力を伸ばすための本です。

心理カウンセリングや傾聴についての本はたくさんあります。それらにはさまざまな理論が紹介されています。でもこの本は、傾聴力を上げる〝実践書〟です。この本によって、傾聴の基礎トレーニングができます。

私は、臨床心理士としてカウンセリング（心理療法）を行うとともに、大学院生と社会人の方々にカウンセラーになるためのトレーニングを行ってきました。私のその実践経験から、特に理解が大切なところは重点的に説明し、また学び手の方々がつまづきやすいところは特に丁寧にお伝えします。

第2章にはあなたの応答を書き入れる欄があります。ここでは少しだけ時間を取って、あなたの応答を書き入れながら学びを進めましょう。

では、傾聴力をつける練習を一緒に始めましょう。

古《こ》宮《みや》 昇《のぼる》

目　次

本文イラスト　九重加奈子

第1章　「傾聴」という援助法について

1　悩んでいる人を支える方法について

悩んでいる人や辛い思いをしている人を見ると、助けたい、ラクになってほしい、と願うものです。助けるためにはさまざまな方法があります。その人に代わって問題を解決したり、それができないときには、解決策をアドバイスすることもあるでしょう。それさえできないときは、元気づけたり励ましたりするかもしれません。

でも、深く大きな悩みや迷いを抱えている人やこころが弱っている人に、簡単に教えられる解決策もなければ、アドバイスをしたところで役に立たないことも多いでしょう。正しいアドバイスや解決法を実行できるくらいなら、とっくに自分で解決しているかもしれません。

また、悩んでいるとき、「元気を出しなさい」とか「くよくよするな」と励まされても、元気が湧いたり気持ちを切り替えたりなどできないこともあるでしょう。「うまくいくから大丈夫だよ」

と太鼓判を押されたので「そうだね」とは答えたものの、本当に大丈夫だとは信じられないこともあるでしょう。

悩み苦しむ人を支える方法のひとつとして、解決策やアドバイスを与えることのほかに、その人の話に親身になって耳を傾ける（傾聴）という方法があります。悩み苦しむ人にとって何より大きな助けになるのは、しばしば自分の話をじっくり聴いてもらい、自分のことを親身になって分かってもらうことなのです。

この講座（本書）では、その傾聴の基礎的なトレーニングをします。

まず、傾聴することがなぜ助けになり、支えになるのかを学びましょう。

2　傾聴がなぜ支えになるのか

【1】自分を表現したいという願い

私たち誰もが、自分を表現したいという深い欲求をもっています。絵画や音楽などの芸術活動や服をデザインして着ることなどは、世界中の人たちが大昔から行ってきた自己表現です。そして、なかでも最も身近な自己表現は、話をすることです。自分を表現することは私たち人間の深い欲求であり、それができないとき、私たちのこころは窒息します。

さらに私たちは誰でも、自分のことを分かってほしいと強く願っています。だから人から理解されないとき、深い孤独感を感じたりすごく腹が立ったりします。人と人の間ではけんかになり、国と国の間では戦争の一因になります。

ですから私たちは、悩みを抱えて苦しんでいるときやこころが弱っているとき、心配事や気になっていることを自分のペースで話し表現することが、特に大切になります。そして、それを親身になって分かってもらえると、さらに自由に話すことができます。そうして十分に表現できるにつれ、こころがラクになっていきます。それとともに、もともと私たちの内にあった強さ、たくましさが少しずつよみがえってくるのです。

【2】成長を求める命の力

植物を育てるとき、光、温度、養分、水などの環境を整えます。植物は適切な環境があれば、その植物らしく育っていきます。人間が芽や茎を引っ張って伸ばそうとしても無駄ですし、植物にとってはきっと迷惑なことでしょう。また、盆栽の松のように、誰かが考えた「正しい」「美しい」形にしようと針金を巻きつけると、その人間にとっては好ましい形になるでしょうが、松の本来の形、その松がなりたい形とは違う、歪んだ形にしかなりません。

傾聴する営みにも同じことがいえます。植物にとっての適切な環境は、光、温度、養分、水ですが、私たちのこころにとっての適切な環境のひとつが、自分のことを分かってくれる人間関係なのです。ですから、苦しむ人、こころが弱っている人の語りを傾聴することは、その人が本来もっているしなやかさ、たくましさ、その人らしさが育まれる、適切な環境を提供することなのです。

傾聴の根本には、「人は、適切な環境さえあればその人らしく成長していくのだ」という、人間の成長力への信頼があります。私は日々カウンセラーとして来談者の方々と対話をするなかで、人間にその成長力があることを感じています。

では、人間誰しもがもっている自分らしさ、しなやかさ、たくましさが育まれる傾聴の関係とは、どのような関係でしょうか。次はそれについてお話しします。

3　傾聴に大切なこと

【1】自分のことのように想像しながら聴くこと

悩みや苦しみを抱えている人の話を聴くときに大切なことは、**話し手の気持ち・思いを、聴き手ができるだけありありと、ひしひしと想像して感じながら、「あたかも自分のことのように」親身になって聴くことです。**それができていればいるほど、話し手は自分のことが分かってもらえると感じ、正直な思いをさらに深く吟味しながら話していくことができます。

反対に、聴き手が漫然と聞いているだけだと、話し手には何となくそれが伝わります。それでは聴き手を信頼できません。聴き手の応答が形式的だったり不自然に感じられれば、話し手は正直な気持ちや思いを自由に話すことができず、対話は深まらなくなります。

〔2〕話し手をそのまま尊重し受け入れること

◯自分への縛りが緩むほど、ラクになる◯

本来の自分らしさ、たくましさ、しなやかさが輝き出すためには、自分に正直になることが必要です。でも私たちは誰でも程度の差はあれ、「こんなことを思ってはいけない」「こうでなければならない」などの観念によって自分を縛り、不自由になっています。

「人を大切にしなければならない」

「怒ったり泣いたりするのはみっともない」

「美しくおしとやかでなければならない」

「勤勉でなければならない」

「真面目すぎるのは良くない。遊びも知っている人間でなければつまらない」

などなど、そんな観念は数限りなくあるでしょう。

この縛りから自由になればなるほど、ラクになり、生き生きしてきます。自分らしさが輝きます。

「人を大切にしなければならない」から親切にするのではなく、人を思いやる気持ちが自然と湧いてきます。

「努力することが立派なこと」だから努力するのではなく、自分で決めた目標を達成したいから、もっと上達したいから、もっと学びたいから、努力をします。そして、努力することに意味を感じます。

「遊びもできないと人間としてつまらない」から遊ぶのではなく、楽しいことが好きだから遊ぶし、休息が必要なときは、休みたいという自然な欲求に従って休みます。

私たちは本来の自然な自分に開かれると、平和と調和を好み、人と仲良くなりたいと願い、自分の可能性を伸ばし実現したくなります。

このように、傾聴によって人を支える営みの基盤には、「人間の本質は成長を求め、善良で社会的である」という信頼があります。

❍自分らしくラクになるほど、協調的で発展的な私たちの本質が現れる❍

でも周りをみると、人が人を傷つけたり、人間関係の調和を乱したり、こころの壁をつくって素直に交流できなかったり、自分や他人を心理的に縛りつけたり、怠惰になったりといった行為がいっぱいあります。しかしそれは、私たち人間の本来の姿ではなく、抑えつけられたり、縛られたり、こころに痛みを負ったりした結果、行われるようになるのです。

さまざまな観念や価値観の縛りから自由になり、より生き生きと自分らしく生きられるようになるためには、今のまま、ありのままの自分を、無条件に尊重され受け入れられることが大切です。

自分と他人を攻撃したりおとしめたりする自分、怠惰な自分、冷酷な自分。そんなあり方・生き方をせざるを得ない自分について正直に語り表現しても、聴き手から「変えよう」とか「直そう」

などとされることなく、ありのままを理解され、受け入れられ、無条件に尊重される。そのとき、私たちは自分に対して素直になれます。そしてもっと本音を語り、表現できるようになります。本音を十分に語り尽くせれば、協調的で社会的で成長への意欲に満ちた自分が現れ、育ちはじめるのです。

【3】聴き手が自分自身に素直で、開かれていること

◯聴き手の内にある未解決のこころのしんどさは、傾聴を妨げる◯

ここまでお話ししてきた、聴き手が「話し手の思いをあたかも自分の経験であるかのようにありありと理解する」「話し手を無条件に受け入れ尊重する」ことをしようとするとき、聴き手自身の人としてのあり方が問われます。

聴き手自身のこころのなかにまだ癒せていない痛みがあると、話し手の似たような痛みを、「あたかも話し手であるかのように」理解することができません。

たとえば、悲しい出来事や気持ちを話し手が語るのを聞いて、聴き手も悲しくて落ち込んだり、涙が止まらなかったりすることがあるかもしれません。また、話し手が誰かに対し腹を立てているのを聞いて、聴き手までが「なんてひどい人間だ」と怒り出したりすることもあるでしょう。

しかしこれは、聴き手が話し手のことを、「あたかも話し手であるかのように」理解しているのではありません。そうではなく、聴き手自身のこころの底にあってまだ癒えていない傷が、痛みだ

しているのだと思います。または、聴き手が自分自身の痛みに触れることが怖いため、気づかないうちにこころを固くしたり、話し手と距離を取ってしまったりするため、話を聞いても何も感じなかったり、話し手の言うことがピンと来なかったりすることもあります。

また、聴き手が話し手に対してイライラしたり、怒ったり、批判的な気持ちになったりして、話し手を傷つけるようなことを言ったり、説教したりすることもあります。

◯私の経験から◯

私が来談者としてカウンセリングを受けていたとき、「プロとして有能でなければ、ぼくは存在している価値が低い」という根深い信念が湧き上がってきたことがありました。それと同時に、「自分は生まれながらのままで、ありのままで価値がある」とは信じられない悲しさ、辛さを、ありありと感じました。

私はそれまで「良いカウンセラーになりたい」と一生懸命にがんばってきました。それは、人びとに幸せになってほしいという、利他的な理由からだったと思います。でもそれとは別に、「優秀なカウンセラーになることによって、こころの奥底にある『ぼくは本当は価値ある人間ではない』という無価値感、劣等感、自己不全感を感じることを避け、いつか自分のことを優れた人間だと感じたい」という動機もありました。そんな動機があることは、自分がカウンセリングを受けるまで気がつきませんでした。その動機が強ければ強いほど、カウンセラーとしての仕事がうまくいかないときには落ち込みますし、「あなたが良くなってくれないと私が困る」という押しつけがましさが混ざります。

これは、苦しくて助けを求めに来ている来談者には、大変な負担になります。助けが必要だから来ているのに、カウンセラーを助けることを求められるからです。

私にとって、劣等感、自己無価値感をありありと感じるのは辛すぎたし、さらに「人間は生まれながらに無条件の価値があるのだ」という考えをもっていたため、自分のなかに「ぼくは価値の低い人間だから、有能になって存在する価値を得なければならない」という劣等感があることに気づかなかったのです。

◯教師の落とし穴◯

同様に、たとえば不登校の子どもを登校させようと一生懸命になっている教師にも、そんな気持ちが動いていることがあります。その先生ががんばって登校指導をするのは、学校に行けず苦しんでいる子どものためを思うからでしょう。でも同時に、「クラスに不登校の子がいると、無能な教師だと周りから思われる」とか、「自分のことを有能な価値ある人間だと思えない」という不安のために、子どもを登校させようとしていることもあります。

そのような場合、先生自身のニーズ（必要性）を満たすために登校指導をしている程度が高いほど、不登校の子どもには負担になります。子どもの気持ちをその子の身になって感じたうえでの、先生の努力ではないからです。さらに、その先生の登校指導は、「あなたのためにしているんだ」という正義感の殻に包まれていますから、子どもは反発できないのです。

先生は、本当は「周囲から有能な教師だと思われたい」とか、「自分のことを価値ある人間だと感じたい」という個人的なニーズを満たすために登校指導をしているのに、自分ではそれに気づかず、「私は子どものことを思って指導しているのだ」と信じているのです。こうなってしまうのは、先生がもっている「子どものことを思う教師でなければならない。個人のニーズを満たすために子どもを使ってはいけない」という価値観のせいでしょう。

このように私たちは、自分で自分を縛る価値観や観念によって、自分が本当に感じていること、考えていることが分からなくなります。価値観や観念に合わない考えや感情が湧いたときに、自分では気づかないうちに、それらを否定したり歪めたりするからです。

❍聴き手が自分のこころの痛みを癒して手放すことの大切さ❍

聴き手の価値観と本心との間に矛盾があればあるほど、話し手のあり方を理解したり、無条件に尊重し受け入れたりすることができません。たとえば、「自分は価値の低い人間だ」という劣等感を補うために一生懸命に働くカウンセラーは、能力の低いカウンセラーを軽蔑したり責めたりしがちです。また、自分のニーズを満たすために生徒を使いたい欲求をもっている事実を、認め受け入れられない教師は、ほかの教師が自身のニーズを満たすために生徒に接したりすると、とても批判的な気持ちになるでしょう。しかし、自分が個人的なニーズを満たすために生徒を使っていても、そのことには気がつきません。

ですから、悩み苦しむ人を支えようとする人が、カウンセリングを受けて自分のなかの葛藤をできるだけ解決することは、話し手の気持ちを理解する能力を高めるためにとても有益です。特に、心理カウンセラーなど専門家になろうとする人にとっては、必須だと思います。

【4】聴き手の理解的で受容的な態度が話し手に伝わること

❍現在は過去の傷つきに色づけされている❍

私たちの見方や感じ方は、過去の経験によって色づけされています。特に、幼いころに両親など大切な人から、無条件に受け入れられて十分に愛された実感が少ないほど、私たちはそのときに感じた孤独感、空虚感、不安、怖れ、怒り、愛情を求めてやまない欲求などの気持ちを、周囲の人たちに重ねてしまいます。

ところが、自分ではそんなことをしている事実になかなか気づきません。たとえば、幼いころに愛情と安心のあまり感じられない家庭環境で育った人は、そのこころの痛みが癒されるまでは、人にものすごく甘えるかと思えば、逆に人にこころを閉ざして孤独になったり、「人を助けよう、救おう」とするあまり、自分を犠牲にしたり見失ったりするなど、人との距離がとりづらくなりがちです。

でも本人は、「私が誰かに甘えたり依存的になったりするのは、その相手を愛しているからだ」「他人に壁をつくるのは、相手が信頼に値しない人間だからだ」「人を救うのは、その人には私の助けが必要だからだ」と思っています。そして、これらのこころの動きが、自分自身の未解決のこころの痛みからくるということは分かっていません。たとえ、心理学の本を読んだりして理屈では分かっていても、本当に実感として理解しているわけではないので、行動や感じ方は変わりません。私たちは誰でも、程度の差はあれ、そのようなこころの痛みを抱えているものです。そしてその痛みの程度に応じて、人に話をするときはどんなに相手が優しく話を聞こうとしていても、こころを開いて自由に話すことができません。相手のことが信頼できないのです。信頼しようと意識的には努力しても、話す内容が浮かばなかったり、表層的な話しかできなかったりします。

❍人を信頼したい、人と仲良くつながりたいという自然な欲求❍

このように、いまだに癒して手放せていないこころの痛みの部分は「人を信頼するな！　また傷つけられるぞ」と私たちに警告します。しかしそれと同時に私たちは、人を信じたい、こころの壁を取り去って人とつながりたい、仲良くなりたい、という自然な気持ちもあります。そして、受容的な聴き手と交流するとき、こころの理性的で現実的な部分（痛みではない部分）が、「この人なら信頼できる」と見抜きます。

傾聴することが人の支えになり助けとなるのは、聴き手の共感的で受容的な態度が、ある程度は話し手に伝わるからです。話し手の理性的で現実的なこころの部分が大きければ大きいほど、話し手は、聴き手の共感的で受容的な態度がよりたやすく分かります。

ただこのとき、聴き手のそのような態度が話し手に伝わるためには、聴き手の傾聴力が必要です。傾聴力とは、①話し手の気持ちを理解する力、②理解したことを言葉で伝える技術、③聴き手が話し手を信頼し、こころもからだも緩めてその場にいられること、の三つからなると思います。聴き手としての実力をつけるには、これら三つの特長を伸ばすことが必要だと思います。

ここまで、傾聴のもとにある基本的な見方を学んできました。では実際の場面では、話し手のことをどう共感的に理解し、何を言えば心の支えになれるのでしょう。次章で実際に練習してみましょう。

第2章　傾聴トレーニングの実践――応答の仕方

ここからは、話し手の発言に理解的で受容的に応答する練習をします。

これから九人の話し手が登場します（すべて架空の人物です）。彼らは悩みごとをあなたに相談するために来ました。彼らの発言を聞いて、あなたならどう返答するかを考えてみましょう。

まず、話し手の発言を読んで、あなたの応答を解答欄に書き込んでください。その次のページから、話し手をどう理解すればよいのかを解説します。そのあとに代表的な応答例をいくつか挙げて解説しますので、あなたの応答とそれらの応答とを較べましょう。

傾聴力をつけるには、実際にあなたの応答を書いて、学び進めることが重要です。ただ読むだけでは、学んでいるような気持ちはするかもしれませんが、実践力はつきません。必ずあなたの応答を書き出しましょう。

それでは、実際にやってみましょう。

Exercises

1 「ここで何を話せばいいですか」と尋ねる男性会社員（42歳）

――無表情で、固くこわばった感じで話しだす。

「あのー……私、人見知りするタイプなんです……あまり……自分のことは話さないんですよね……で、ここでは何を話せばいいんでしょうか」

さて、あなたならどう応答しますか。実際に書いてみましょう。

【あなたの応答】

~~すみま構いません。~~

何をどこから話したらいいか分からない訳ですね？

でも、自身の中では 嫌だと思うことや不満が

ある。

【1】話し手を理解する

◯話し手のこころの痛みについて考えてみる◯

まず、話し手の気持ちをどう理解するのか、考えてみましょう。

私たちは、「この人なら自分のことを正直に話しても、私のことを傷つけたりしないし、分かってくれる」と感じられれば、話したいことを安心して話せます。反対に「自分を正直に出すと、批判されたり、悪く思われたりするかもしれない」という警戒心が強ければ、自由に話せません。「うまく話そう」と緊張したり、話す内容をあらかじめ準備したり、頭が真っ白になって話す内容が出てこなかったりします。

では、この話し手の言動から推測できることは何でしょう。この人は過去に、自分の気持ちや思いを素直に表現したとき、それを尊重されたり分かってもらえたりするどころか、逆に批判されたり無視されたような体験があって、とても傷ついたのでしょう。そして彼は、まだそのこころの痛みを癒して手放すことはできていません。

そのため、あなたは聴き手として、「この方を理解しよう、受容的に聞いて、こころの支えになりたい」という態度でおだやかに座っているのに、彼はあなたを警戒して、心を開くことができません。過去に自分を表現して傷ついた経験があるからこそ、彼は自分のことを自由に話せないのです。

もちろん、話し手はあなたとは初対面なので、いくらか警戒して自由に話さないのは、ある程度までは現実的な行動でしょう。でも、援助を受けにきているのにもかかわらず自分のことを話せないのは、人間への強い警戒心があるからでしょう。

❍幼いころからのこころの痛み❍

さらに、この男性の人に対する恐怖心・警戒心の原因となった経験は、おそらく青年期や成人したあとのものではなく、幼少期の経験だろうと推測できます。

というのは、たとえば会社でA部長という厳しい上司に叱られたとすれば、そのA部長に対しては気楽に心を開くことができないでしょう。しかし、もし彼の人間不信の原因となっているこころの痛みの経験が、A部長との間で成人期に起きたものだったら、警戒する相手はA部長だけに限定されたものになるはずです。それならば、穏やかに優しい様子で座っている聴き手のあなたを警戒するあまり話ができない、ということはないでしょう。

この話し手のように深くて広い人間不信が生まれる原因は、幼いころの傷ついた経験です。その経験に次に挙げる四つの要素がより多くあるほど、こころの痛みはより深く激しいものになり、のちの人間関係に広く深い影響を及ぼします。

(1) 両親など、子どもにとって特に大切な人との間で起きた。

(2) より幼いころに起きた。

（3）より激しい不安や恐怖を引き起こすものであった。

（4）何度も繰り返し起きた。

❍聴き手が共感的に理解すること❍

幼いときに激しいこころの痛みを負い、人を警戒せざるを得ないこの話し手には、見知らぬあなたと向き合っていること、自分のことを話さなければならないことは、大きな恐怖なのです。そのことを、できるだけあなたがひしひしと、ありありと、まるで自分のことのように想像できれば、話し手にとってあなたとの関係は、共感的なものになります。

また、話し手の不信感、不安感を、聴き手であるあなたが共感的に理解し、そうせざるを得ない話し手を、そのままで尊重して受け入れることができるほど、彼はホッとします。そして彼のこころにはやがて、「人生の苦しみを解決したい」「苦しみの原因であるこころの痛みを癒したい」という思いが湧き上がり、おのずから解決の方向へと向かいはじめます。私たち誰もがもつ、成長への命の力がそうさせます。

反対に、人に不安を感じざるを得ない彼を、あなたが「変えよう」「救おう」とするほど、あなたのその態度・思いは、人におびえる彼にとってさらなる脅威になります。彼はあなたにおびえているのに、そのあなたが「変えよう」と彼に迫ってきたり切り込んできたりするからです。それでは安心してこころを開くのは難しくなります。

そしてその脅威から自分を守ろうとして、あなたを受け入れずかたくなになるか、またはあなたに合わせて、認められ受け入れてもらえるようなことを言ったりするでしょう。でも、彼が本当に変わったわけではないので、あなたがいなくなれば彼の行動は元に戻ってしまいます。

◯話し手が愛情を求める気持ち◯

もう一つ、この話し手を理解するために分かっておかねばならない大切なことがあります。それは、人を警戒して壁をつくらざるを得ない彼のあり方の根底に、本当は「自分に温かい関心をもってほしい」「人から良く思われなければたまらない」という激しい愛情欲求があるということです。この男性がこれほどまでにあなたのことを警戒してしまうのは、おそらく幼いころに「(親など大切な誰かから) ぼくのありのままを愛してもらえ、受け入れられ、認められた」という実感が少ないままに育ったためでしょう。そのために、強い欲求不満と空虚感を、子どものころからずっと持ち続けて苦しんできたのでしょう。愛されたい気持ちが強いからこそ、愛されない可能性が恐ろしくてたまらず、人を警戒するのです。そして自分のことを自由に表現することが怖くてできないのです。

ただこの話し手は、愛情を求めてやまない深く激しい気持ちと空虚感を、意識レベルでは感じていないかもしれません。寂しさと人を求める欲求があまりに辛すぎるので感じられず、「寂しくなんかない。自分は一人でもいいんだ」「人にどう思われるかなんて気にするものか」と思っているのかもしれません。

聴き手は話し手のその点についても理解し、彼の状態に合わせて応答する必要があります。つまり、話し手が話をしながら「寂しくてたまらない」という気持ちが自然に湧いてきて、それを表現するときには、聴き手は彼のその気持ちを、できるだけ自分のことのようにありありと想像して感じながら、「寂しくてたまらないんですね」などと応えるのが良いでしょう。話し手は「分かってもらえた」と感じて、もう少しこころを開きたくなるかもしれません。

でも、彼がその寂しさを感じることができず、無感情に近いようなときには、感情を感じられない彼のあり方を尊重しながら一緒にいることが大切です。このとき「あなたは本当は寂しいんじゃないですか」などと言うのは、援助を邪魔します。こういった応答をする聴き手は、「話し手に本当の気持ちに気づかせよう」と意図しているのかもしれません。または「寂しさを表現させよう」としているのかもしれません。それらは、「話し手を操作しよう」という態度であり、「彼の身になって理解しよう」という態度ではないので、話し手はさらにこころを固くしてしまいます。

◯まとめ◯

話し手のこころの動きについて、まとめてみましょう。

この男性は幼いころに、「(親など大切な誰かから) ぼくのことを分かってもらえない、受け入れてもらえない、愛してもらえない」と感じて、深く傷ついた経験をしたこと、そしてその痛みが今も癒されずに残っていることが推測できます。

彼はまた、その経験からくる寂しさと空虚感のせいで、人に分かってもらえること、受け入れてもらえることを、とても激しく求めています。それゆえ、人から拒否されることが怖ろしくてたまらないでしょう。ですから、聴き手であるあなたに対しても、あなたを怖く思う気持ちと、あなたの愛情と関心を求める気持ちの両方があります。

しかし、彼はそれらの気持ちをありありと感じるのは辛すぎるので、それらの気持ちは抑圧され、あまり感情は感じられていないようです。そして、彼は「何を話せばいいか分からない」とだけ感じているようです。

では、この話し手との傾聴的な対話を深めるためには、どんな応答をすればよいかをみていきましょう。

【2】傾聴の応答例

ここでは、よくある応答例を挙げてその良し悪しを説明します。

あなたの応答はどれに近かったですか。説明を読みながら振り返ってみましょう。

【その1】「ご自身のことを人にお話しされることがあまりないので、いま何を話せばよいか、戸惑っておられるんですね」

聴き手が、ここまでお話ししてきた共感的な理解をしながら、【その1】の応答例のような言葉をおだやかに伝えれば、話し手は「この人はほかの人たちとは少し違うのかな。ひょっとして、ぼくを評価したり裁いたりせず、ぼくのことを分かってくれるのかな」と感じることにつながりやすいと思います。

もっとも、聴き手が理解的で受容的な態度でいたとしても、そのことがすぐ話し手に伝わるとは限りません。こころの痛みが深く大きい話し手ほど、優しく受け入れようとしている人に対してさえも、容易にこころを開くことができないからです。

ただ、聴き手の共感的な理解と受け入れる態度が一貫して存在していれば、それは少しずつ話し手に伝わります。その態度が話し手にいくらかでも伝わると、自分のことをぽつぽつと語りはじめるでしょう。しかしそれは、悩みや重要な事柄ではないかもしれませんし、無味乾燥な状況説明だけかもしれません。

でも、悩みを素直に生々しく話すことなどとてもできない彼の不安と警戒心を理解し、そんな彼のあり方を尊重しながら話についていくと、徐々に彼はこころを開きはじめると思います。

この話し手のように自分のことが話しづらい人には、【その1】のような応答に加えて、話せるよう優しく促してあげるとよいでしょう。

次の【その2・その3】は促しの例です。

【その2】「もしよろしければ、どういうことでお越しになられたかを教えていただけますか」

話し手が聴き手の元に来たからには、それなりの理由があるはずです。ですから、まずそれを尋ねるのはごく当然のことです。

ただそのときに大切なのは、「(1) 話し手を理解する」で説明した、話し手の不安と人を求める激しい欲求の両方を、共感的に理解しながら尋ねることです。「何を話せばいいんでしょうか」という話し手の質問には、不安と愛情欲求が込められているのに、その気持ちをおもんぱかることなく、彼の発言を単なる質問だとして【その2】のように答えたのでは、傾聴になりません。

【その3】「よろしければお話しされようと思うことを何でもお話しいただければ、と思います」

この応答には【その1・その2】と同様に、「話し手の話を聞きたい」というあなたの思いが表現されています。共感的な態度でこのように言うと、話し手のなかで、思い切って勇気を出して自分のことを話そうとする気持ちが動くかもしれません。

また、この応答が伝えているもう一つの大切なことは、会話の内容を決めるのは話し手であり、聴き手は「話し手の選ぶ内容を尊重してそれについていこう」としている、ということです。これは傾聴の基本姿勢です。

【その4】「今あなたが一番気になっていることをお聞かせください」

「一番気になっていること」とは、話し手にとって一番辛いこと、苦しいことです。少なくとも話し手が自分の気持ちに正直になれば、そうであるはずです。彼は聴き手であるあなたを信頼できずに怖れているのに、そんな事柄についていきなり話せるはずがありません。この応答は彼にとって脅威となり、さらにこころを閉ざしてしまうでしょう。

聴き手のこの発言は、話し手を理解するために最も大切な、彼のおびえ・不安を共感できていないことを示しています。もしも話し手が傷つきの特に深く激しい人だったら、彼はこの応答によってこころを閉ざしてしまい、対話の援助そのものが失敗しかねません。

この【その4】の応答と、【その3】の応答は、重要な点で決定的に違っています。【その3】の応答を、話し手の男性が感じている怖れを共感的に理解しながら返せば、それは彼を無条件に尊重する態度の表れとなります。つまり、彼が何を話そうと、またおびえていようと、それでかまわないのです。聴き手は彼のそのあり方を尊重し、彼の気持ちを彼の身になって理解しようとしています。

それに対して、【その4】の応答は、彼が何を話すべきかを指示するものです。これは「何を話してもいいし、話さなくてもいい」という無条件の尊重とは反対のあり方です。

【その5】「人見知りですか。私も人見知りなんです」

日常のおしゃべりなら、この応答でもよいかもしれません。この調子で聴き手が自分のことを話すと、おしゃべりは弾むかもしれません。しかしそれでは、良い話し相手になれた気はするかもしれませんが、深い意味で話し手の支えとなる対話になっているかどうかは、疑わしいと思います。

話し手が、苦しみや悩んでいることに向き合えるように支えるには、この応答をするような聴き手の態度はそぐわないでしょう。

聴き手がこのような応答をする意図は、「話し手の緊張をほどいて話しやすくしてあげよう」というものかもしれません。それは、話し手のあり方を理解し、無条件で尊重する態度とは、相容れないものです。話し手が緊張して話しづらいのなら、「リラックスさせよう」「話させよう」とするのではなく、緊張していることを尊重するとともに、緊張のしんどさ、なぜ彼が緊張せざるを得ないかを理解することが、話し手を無条件に受容し尊重する理解的な態度なのです。

その受容的で理解的な態度が伝わるとき、話し手はホッとします。「緊張を解こう」とするのではなく、緊張している話し手をそのまま尊重し受け入れる態度が高いほど、その人との関係のなかで話し手は本当の意味で安心し、リラックスできるのです。

【その6―①】「私が期待していることを話さないといけない、というお気持ちでしょうか」
【その6―②】「下手に話すと私から良く思われないんじゃないか、と不安なお気持ちでしょうか」

これらの応答は、今までの応答よりも話し手の不安により突っ込んだ応答で、その分だけ、彼の不安をより正確に表現しています。

しかし、話し手は「あなたに話すことが不安です」とは言っていません。それなのにこのような応答をすると、的外れに聞こえるかもしれません。話し手は不安を感じないよう抑え込んでいるため、不安をもっていることに気づいていないかもしれないからです。

また話し手は、「不安を感じているけれど、そのことを聴き手に悟られてはいけない」と思っているかもしれません。もしそうなら、この応答は、不安を悟られたくない彼のその気持ちを共感的に理解していない応答であり、彼の不安を無視するような応答ですから、話し手はいっそう心を閉ざすでしょう。

もちろん、正直に話すことについての不安を話し手がはっきりと感じており、その不安を隠そうとは思っていないなら、【その6】は適切な応答になります。話し手の不安をより正確に表現しているので、彼はあなたにこころを開いて語りやすくなるでしょう。

また話し手にとっては、聴き手に対して感じている気持ちを、本人にダイレクトに話すことができ、それを理解され受け入れられると、情緒的なインパクトのある経験になります。でもそれだけに、正直には言いづらいものです。たとえば、片想いの相手に直接告白するよりも、恋心について友達に話すほうが楽でしょう。本人に告白するのは勇気が要ります。しかし、気持ちを本人に直接伝えて、それが理解され受け入れられるとき、友達に恋心を話して分かってもらえるだけよりも、ずっとインパクトの強い経験になります。

ですから、話し手が、あなたに対する彼自身の不安に気づいており、それについてあなたと話し合うこころの準備ができているときには、この応答は効果的になります。ただ、初めて会ったばかりでは、そんなに開かれた気持ちにはなれないのが普通ですから、この応答ができるのは、今まですでに何度も会って信頼関係ができた段階に限られます。

また、話しづらそうにしている話し手に対しても同様です。対話の初期から【その6】のように話しづらい気持ちを直接的に取り上げても、話し手はそれ以上、素直に語ることはできないでしょう。しかし、話をじっくり聴く対話が何度か繰り返され、ある程度の信頼関係ができ、話し手が個人的なことも率直に話せるようになったのに、「何を話せばよいか分からない」といった発言をするなら、【その6】のようにこの話しづらさを取り上げることが必要になってきます。

そのタイミングは、話し手が自分のなかに感じている、話しづらい気持ちに気づき、その気持ちを吟味しながら言葉にできそうなときです。たとえば「ええ、ヘンなことを言って『おかしなことを言う人だなあ』とあなたから思われたらイヤなんです」のように、自分の気持ちをより明らかに語れるときです。もし対話がそのように進むと、それは援助的な対話のとてもも重要な展開となります。

【その7―①】「ご自身のことを人にあまり話さないとおっしゃいましたが、自分のことを話すのは大切ですよ。ときには自分から話さないと、分かってもらえないじゃないですか」
【その7―②】「ここは悩みごとをお話しいただき、私はそれを聞かせてもらう場所ですから、お話をしていただかないと……」

この応答では、話し手はこころをいっそう閉じてしまいます。人を警戒せざるを得ない話し手を理解し受け入れることなく、彼を変えようとしているからです。

【その8】「それでは今日はお越しになりにくかったでしょう？よく来てくださいました。ありがとうございます」

話し手をねぎらう言葉です。話し手の来づらさに思いをはせ、その理解を伝えるのが適切なことがあります。たとえば、「今日ここにお見えになるのは、気が進まなかったのではありませんか」などの応答をすれば、話し手は「来たくない気持ちを分かってくれた」と感じることでしょう。特に、「来たくない」というような、聴き手に対するネガティブな思いでさえ理解的に受け入れられると、話し手は「この人にだったら何を話してもいいんだ」と感じ、話し手を無条件に尊重しようとする聴き手の態度が、伝わりやすくなります。

しかし、【その8】のようにねぎらうのは、少し度を過ぎています。来づらかった気持ちに理解を示すことは大切ですが、「よく来てくださいました。ありがとうございます」とお礼を言うことは、話し手には、「聴き手である私の期待通りの行動をしてください」という、押しつけがましいメッセージに聞こえかねません。聴き手は、話し手に必要な支えを提供するためにいるのであって、話し手が聴き手の期待を満たす必要はないのです。

聴き手が話し手にほめ言葉や過度のねぎらいを言うのは、「良い聴き手だと思われたい」とか「話し手と仲良しになりたい」といった、聴き手の欲求からくることが多いと思います。聴き手のそのような気持ちは援助の妨げになります。というのは、こころの傷つきが激しい話し手のなかには、聴き手に腹を立てて攻撃することが心理的に必要な人がいるからです。話し手が腹を立てたからといって聴き手が不安定になると、話し手は安心して怒りを出せなくなります。

プロのカウンセラー（心理療法家）になるには、自分がカウンセリングをしっかり受けて、「話し手から良く思われないとたまらない」という依存的な不安の源になっているこころの痛み・葛藤を、高い程度で解決することが必要です。

【その9】「今日はこちらまでどのようにして来られました？　電車は混んでいませんでした？　暑かったでしょう？　最近は暑い日が続いて大変ですね」

話し手が話しづらそうにしているので、話しやすい内容から会話を始めようという意図の発言です。一般のおしゃべりでは必要な会話術です。

でも、苦しいことや悩みごとに直面して取り組もうとする援助の対話において、聴き手が話し手にしゃべらせようとして、些末な話題を出すのはよくありません。なぜなら、話し手に次のようなメッセージが伝わりかねず、対話による援助を妨げるからです。

「私（聴き手）はあなたに話をすることを求めます。会話の内容はどうでもいいです。とにかく話をしてください」

「もしあなたが深刻な悩みごとを話したら、私にはそれを受け止める度量がありません。だから深刻にならずにすむよう、表面的なおしゃべりですませましょう」

「あなたの話したいことも、あなたの話しづらい気持ちも、ここではそれほど大切ではありません。それより、かたちだけでもおしゃべりをすることのほうが大切です」

「私は沈黙に耐えられません。だから私のために沈黙しないで話をしてください。ここでは、あなたのニーズ（必要性）よりも私のニーズのほうが大切です」

おしゃべりをしているからといって意味のある対話になっているとは限りませんし、沈黙しているからといって話し手の心に何も起きていない、というわけでもありません。

要は、話したり沈黙したりしている話し手の心に、何が起きていて何が表現されているのかを、できるだけ話し手の身になって理解することが大切です。

Exercises

2　不登校で苦しむ女子中学生（3年）

——元気なく沈んだ表情。話すのがしんどそうで、間を空けがちにぽつぽつと話す。

「今週も学校に行けなかったんです。行けない私はダメに思えて、悪いことをしているふうに思ってしまって……これからもずっとこんなのが続くと思うと、どうしていいか分からないんです」

さて、あなたならどう応答しますか。実際に書いてみましょう。

【あなたの応答】

【1】話し手を理解する

●認めてもらえないことの苦悩●

この中学生の女の子は、おそらく「学校に行く良い子でないと親（または担任の先生など）は私を認め愛してくれない」「学校に行けなくて親に負担をかけていることが苦しい。こんな自分はダメな子だ」のように感じているのでしょう。この子の苦しみを理解するためには、この子の感じていることを想像することが重要です。彼女は「学校に行けない自分は、親（先生）から愛される価値のないダメな子だ」と感じざるを得ず、それが「行けない私はダメに思えて」という発言の真意でしょう。

また彼女は、学校に行けないことで親が不安になっていることを、感じ取っているかもしれません。つまり「私のせいで親が苦しんでいる」からこそ、「(私は) 悪いことをしているふうに思ってしまう」のかもしれません。ですから、この子の話を共感的にじっくり傾聴していけば、必ず大切な誰かの期待に応えられない苦しみ、受け入れ愛されない悲しみが語られると思います。

その「大切な誰か」は、先生や学校の友達かもしれません。そうであれば「先生が学校に来るよう催促するのに、それに応えられないのが負担で辛い」「友達から忘れ去られそうで怖い」などのことを話すでしょう。

❍親との関係❍

私のカウンセラーとしての経験では、私たちは、何より親から認められ愛されることを強烈に求め、それが得られない可能性におびえます。

この女の子も、聴き手が十分に共感的・受容的に話を聴いていけば、仮にはじめは先生や友達の話が中心であったとしても、やがて親のことを話す時が来るでしょう。「お父さんは私が学校に行かないのをすごく気にしている」「お母さんから、なぜ学校に行けないのかを問い詰められて苦しい」「私の不登校のせいで、両親がけんかするのが辛くてたまらない」などの話をすると思います。

ここで聴き手は、それが彼女にとって大変重要な事柄であることを理解し、単に「うん、うん」「そうですね」「分かります」などの返答だけではなく、できれば、何が苦しいのかについて、女の子が語ったことの要点を具体的に言葉にして返すことが大切です。「お父さんに心配をかけていることが、あなたにはすごく重荷なんですね」「お母さんから学校に行けないことを責められて、たまらなく辛い気持ちなんですね」などです。

また、この子を理解するためにもう一つ特に大切なことは、彼女の絶望感への理解です。聴き手が、彼女の絶望感をいかにひしひしと、ありありと想像して傾聴できるかが、彼女の支えになれるかどうかを左右する大切な要因となります。もし聴き手が、「そこまで思いつめる必要はない」などと聴き手自身のものさしで判断すれば、この子はこころを開いて苦しみを語ることが難しくなるでしょう。

【2】傾聴の応答例

ここでは、よくある応答例を挙げてその良し悪しを説明します。

あなたの応答はどれに近かったですか。説明を読みながら振り返ってみましょう。

【その1】「学校に行けないからって罪悪感をもつ必要はありませんよ」

まず、聴き手自身に問わねばならないのは、本当に中学生が学校に行かなくてもかまわないと思っているのかどうか、ということです。もしも聴き手自身の中学生の子どもが不登校になった場合に心配するのであれば、聴き手は「学校に行かなくてもいいんだ」とは思っていませんから、この応答は偽りの応答になります。聴き手が嘘をついたのでは援助になりません。

仮に聴き手が、「中学校に行けなくてもかまわない」と本気で思っているとしましょう。それでもこの応答は援助的ではないと思います。「罪悪感をもたなくてもよい」と言われたからといって、この中学生は、翌日からは罪悪感をもたず、安心して明るい気持ちで家庭での時間を過ごせるでしょうか。きっと無理でしょう。

聴き手がこのような応答をするのは、この子の気持ちをラクにしようとの意図でしょう。しかし、この子の身になれば、罪悪感の苦しさと絶望感を思いきって勇気を出して話したのに、それを分かってもらえず正直な気持ちを否定されたのでは、傷つくでしょう。そして自分の苦しい胸の内を、もうこれ以上は話す気になれないと思います。

【その2】「とりあえず保健室までは行ってみたら」

「学校へ行けないことが問題だ」と理解して、そのことへの解決策を提示する応答です。このアドバイスで解決または軽減する程度のことなら、この女の子がそもそも苦しむことはありません。聴き手のこの応答は、彼女が訴えている「どうしようもない絶望感」を、彼女の身になってひしひし、ありありとは理解していないことを、如実に表しています。また、聴き手は容易に解決策を提示していますから、彼女の苦しみにじっくり付き合おうという意図がないことも伝えています。聴き手のこの態度では、話し手は信頼してこころを開くのは難しいでしょう。

【その3】「学校に行けないのが辛いんですね」

この応答では、この女の子が最も伝えたいことを正確に返せていないと思います。彼女は、単に「学校に行けなくて辛い」という以上に、何がどう辛いのかをより具体的に語れています。つまり、①学校に行けない自分がダメに思えること、②悪いことをしているような罪悪感を感じること、

③これから先も今の苦しい状態が改善せず、ずっと苦しみ続けなければならないのかという絶望感、の三点です。そのことを理解して返すことが援助的でしょう。

次の【その4】の応答は、その一例です。

【その4】「学校に行けないとダメで悪いことをしているように感じるし、これからもずっと行けないいんじゃないかと思うと、すごく辛いんですね」

聴き手が、この子の罪悪感と絶望感をひしひしと、ありありと想像して感じながら、こう優しく応答すれば、女の子は「この人なら分かってくれるんじゃないか」と感じ、さらにこころを開いて話したくなるでしょう。すると、たとえば学校に行けないことでお母さんに心配をかけている罪悪感、学校に行けない自分自身への劣等感やいらだち、先生や友達から弱い人間だと思われることへの不安など、彼女が気になっていることへと対話が進展していくと思います。そして、聴き手が理解的な態度で話し手についていくことが、傾聴による援助になります。

彼女にとって、自分のことをいっさい評価をすることなく、また変えようとすることもなく、無条件に尊重して気持ちを分かってくれる人がいることは、貴重なこころの支えになるはずです。

【その5】「お父さん、お母さんはどう言っておられるの」

さきの「親との関係」の箇所でもお話ししたとおり、まだ中学生の女の子にとって、お父さん、お母さんの影響はとても大きいはずです。この聴き手はおそらくそのことを理解しているでしょうから、その点ではこの質問は適切だと思います。

しかしこの子には、お父さんまたはお母さんとの関係が、大きな苦しみのもとになっている可能性があります。その場合には、この質問は侵入的になります。女の子はこの質問に答えはするでしょう。しかしそれは、尋ねられたから事実を答えただけのことであって、彼女の感情や思いを感じて吟味する語りにはならないかもしれません。

侵入的な質問は、話し手のこころを固くし、自由に語ることをしづらくします。

傾聴による対話で大切なことは、語ることに伴うこころの動きであり、語ること自体に意味があるわけではありません。もしも話すこと自体に意味があるなら、人は警察の事情聴取によって自由で健康になるでしょう。ですから、このような質問をして、お父さんやお母さんのことを女の子に話させたところで、それが侵入的な質問であれば、援助に役立つとは思えません。

【その6】「学校へ行こう、行こうと思えば思うほど、それができなくて辛いんですね」

話し手の女の子は、「登校しなければならない」という思いが空回りする焦りと苦しみを、強く感じています。この応答によって、その苦しみについての聴き手の理解が伝わるなら、彼女の気持ちの支えになる応答になるでしょう。

しかしこの応答が、「学校へ行こう、行こうと焦ってはいけませんよ」というアドバイスだと話し手には聞こえるかもしれません。もしも彼女がそう受け取ったら、彼女にはかえって負担になります。「そんなことは分かってる。だったら、登校しようとしなければ学校に行けるようになるの?!」と、自分の苦しみを分かってくれないことを不服に思うかもしれません。

もし彼女が不服に感じたなら、それについて話し合いができれば最適です。

たとえば、聴き手は「学校へ行こうとして焦ってはいけないと言われたようで、負担に感じるのですか」とか、「学校へ行こうとして焦るなと言われたようだけど、そんなことでは解決しないと感じているのですか」などと返して、彼女の不満を話し合うことができれば理想的でしょう。もしくは、「さきほど私が言ったことについてどう感じますか」のような応答も、適切だと思います。

Exercises

3 引きこもりの息子をもつ母親（49歳）

――やや緊張気味で、かつ心配そうな様子で話す。

「22歳の息子のことなんですけど、自宅からほとんど出なくなって一年半ほどになります。日中は、仕事をするわけでもなく学校に行くわけでもなく、だいたい二階の自分の部屋にいることが多くて、夜はときどきコンビニなんかに行っているみたいですけど。私としてはできるだけ息子に話しかけるんですが、無視して答えてくれません。どう話しかければ答えてくれるようになりますか」

さて、あなたならどう応答しますか。

実際に書いてみましょう。

【あなたの応答】

【1】話し手を理解する

❍聴き手から責められる不安❍

子どもに問題が起きると、親は「自分の育て方が悪かったせいではないか」と自分自身を責めてしまうものです。ですから専門家に相談するときも、「責められるのではないか」と不安に思うものです。その不安のせいで、自分の本当の気持ち、行動、考えを自由に話すことがなかなかできません。そこで、自分のことを正直に語ることを避ける目的で、質問をすることがよくあります。

私のカウンセラーとしての経験では、悩み、苦しみを語る話し手がする質問のほとんどは、本当は質問ではありません。質問とは、知識がないから困っており、その知識を得れば問題が解決するときに使うものです。たとえば、トイレに行きたいのにその場所が分からなければ、「トイレはどこですか」と誰かに質問し、トイレの場所を教えてもらえれば問題は解決します。

しかし、この話し手が「どう話しかければ答えてくれるようになりますか」と質問しているのは、それとは違います。この発言は、一見すると質問のようにみえる発言が、本当は質問ではないことの例です。このお母さんは、「息子と会話できる正しい話しかけ方があり、それを教えてもらえれば問題は解決する」と信じて尋ねているのではありません。それにもかかわらず聴き手に質問するのは、彼女が自分の思いや気持ちを、自由に正直に話すことができないからです。

◯何が話せなくて質問になったのか◯

では、話し手がこの質問をしたのは、何が話せなかったからでしょう。この質問をしたとき、彼女のこころには何が湧き上がって来そうになったから、話すことをストップしたのでしょうか。

一つめとして考えられるのは、息子さんに対する不満や怒りの気持ちです。親にとって、子どもへの怒りを他人に正直に語るのは難しいことです。特に、「自分の育て方が悪かったから子どもが引きこもりになったのではないか」と怖れているとき、子どもへの愛情を疑われるような怒りの発言は、なかなかできません。このお母さんは、息子に話しかける努力をしているのに無視される、と語ったとき、息子さんへの怒りを感じそうになったので、それを避けようとして話ができなくなり、自分のことを話す代わりに質問をしたのかもしれません。

二つめの可能性は、辛すぎる絶望感です。この人は、いくら努力しても息子さんが応えてくれない現状を語りながら、将来への絶望感が湧き上がりそうになったのかもしれません。それを今ここで感じて語るのは辛すぎるので、話すことはやめ、代わりに質問をしたのかもしれません。

三つめとして、聴き手から責められる不安がこの時点で昂じた可能性があると思います。「お母さんの話しかけ方が悪い」などと指摘される不安が出てきたので、指摘される前に、「どう話しかければよいですか」と質問したのかもしれません。もしかしたら、過去に誰かに相談したときに、「もっと気をつけて話しかけましょう」「もっと愛情を注ぎなさい」などと言われたり、あるいは旦那さんや義理のお母さんなどから、「母親であるあなたのせいだ」と責められているのかもしれません。もしそうなら、家族から責められる話し手の辛さを理解することが必要です。

傾聴で大切なことは、話し手によって表現されていることを理解することです。

ここでは、話し手の質問には何が表現されているのかについて三つの可能性を挙げましたが、どれが正しいのかはこの時点では分かりません。もしくは、まったく別のことが表現されているのかもしれません。それが明らかになる応答ができればベストです。

では、応答例をみていきましょう。

〔2〕傾聴の応答例

ここでは、よくある応答例を挙げてその良し悪しを説明します。

あなたの応答はどれに近かったですか。説明を読みながら振り返ってみましょう。

【その1】「お母さんとしては息子さんのことがご心配で、少しでも話をしようと努力されているのに無視されてお辛いんですね」

聴き手が共感的にこの応答をすれば、話し手はより話しやすくなるので、さきほどの質問によって彼女が何を表現していたのかが分かるかもしれません。たとえば、話し手はこの応答に応えて、「そうなんです。あの子は自分勝手だと思うんです」と、息子さんへの不満・怒りを込めて語るかもしれません。または、「私は努力しているのに、あの子は努力する気持ちさえないみたいなんです。あれでは先が見えません」「どうすればいいか分からないんです」という絶望感を表すかもしれません。もしくは、「私の対応を変えれば、あの子もひょっとすれば違ってくるんじゃないかと思って」と語るかもしれません。

このように、聴き手が話し手の表現に沿う共感的な発言をするほど、話し手は本心を語りやすくなります。聴き手も話し手の気持ちが、より理解しやすくなります。

ここで、話し手が「私の対応を変えれば、あの子もひょっとすれば違ってくるんじゃないかと思って」と発言した、と仮定しましょう。

一見するとそれは、話し手が自身のあり方を見つめている発言のように思えます。しかしそれは、自分自身を見つめようと本心からしている発言ではないでしょう。本当の自己洞察のためには、話し手と聴き手の対話がもっともっと深まることが必要です。対話の早い時点で、話し手が彼女自身のことを振り返っているかのような発言をしたのは、おそらく心理学の本や講演などで「親が変われば子どもが変わる」といった知識を得て、聴き手から認められたい気持ちが働いたためでしょう。

ですから聴き手がそれを理解せず、「そのとおりです。親が変わることが大切です。息子さんへのあなたの対応について一緒に考えていきましょう」などと指示しても、援助にはなりません。話し手は、しばらくは聴き手に合わせたような内容を話すかもしれませんが、そんな対話によって話し手が本当に変わるわけではありません。

この時点で聴き手が何より理解しなければならないのは、聴き手からの良い評価を求めるために本音を自由には語れない、話し手の不安です。そしてその不安は、言葉にして表現できないほど強いのだということを理解しなければいけません。もし話し手がもっと正直に彼女の不安を話すことができれば、「息子と会話さえできないことをあなたから責められたらどうしよう、と不安なんです」と語るでしょう。でも話し手が聴き手にこころを開くまでは、そこまで正直に語ることはできません。

【その2】「どうして息子さんは引きこもりになったんですか」

この質問は、話し手が何を言おうとしているのかを理解しようとする応答ではありません。さらにこの質問は、話し手の「母親である私が責められるのではないか」との不安をあおる恐れもあります。ですから、このような質問を続けると、援助が失敗する可能性が増します。

【その3】「息子さんを責めるような話し方になっていませんか」

この質問をすれば、話し手は責められたと感じて、こころをさらに固く閉ざしてしまいます。反論するかもしれませんし、自分のことを話せなくなるので、「そう思います。じゃあ、どのように話しかければよいですか」という質問を重ねるかもしれません。

【その4】「うーん、それは分かりませんが……普段はどのように話しかけておられますか」

さきにもお話ししましたように、話し手の質問は、彼女の語りづらい気持ちを婉曲に表現した発言であり、質問ではありません。ところがこの応答は、話し手の質問を純粋な質問だと捉えていますから、話し手の気持ちを理解できていません。これでは、話し手は理解されたとは感じられないし、聴き手を頼りなく感じるでしょう。

【その5】「一年半前に何かあったのですか」

この質問は、「息子が一年半前から引きこもりになった」という、話し手の報告を受けての質問です。私が大学院でカウンセラーになるトレーニングを受けていたとき、このような質問をカウンセリング技法の定石として教わったことがありますし、多くのカウンセラーがこの質問は適切で必要だと見なすでしょう。しかし、今の私は考えが違っています。

たしかに、「一年半前に何か重大なことがあったはずだ」ということを頭に入れて話を聴くことは大切だと思います。なぜなら、家に引きこもるなど重大な症状が始まったときには、必ずその人の人生において重要な変化があったからです。その変化は、離婚、就職、進学、退学、いじめ、病気など外的な出来事かもしれませんし、目には見えない何らかのこころの変化かもしれません。ですから、話し手に、一年半前に何があったのかを語るこころの準備ができており、彼女が今それを語りたいのなら、この質問は彼女の気持ちの流れに沿った適切な質問になります。

しかし私なら、いきなりこの質問をすることはおそらくないでしょう。なぜなら、話し手にとって一年半前に起きたその変化は、あまりに大きなこころの痛みを伴う変化であり、その変化のもつ意味に直面する準備ができていない可能性があるからです。もしそうなら、この質問は話し手の辛さへの配慮が足りない、侵入的な質問になります。

さきの、「不登校で苦しむ女子中学生」に対する【その5】の応答例の箇所で説明したことですが、「一年半前に何があったのですか」といった質問をすれば、話し手はそれに合わせてもっともらしいことを答えるかもしれません。たとえば、「ええ、実はそのころ夫が家を出て行ったんです」のように。しかしそのことについて報告したところで、あくまで客観的な情報提供をしただけであれば、話し手のこころの変化を促す対話にはなりません。かえって話し手のこころが固くなり、自由に話しづらくなる可能性さえあります。そうなれば自由に連想が浮かんで話すのではなく、沈黙したり、実感を伴わない表面的な語りが続いたり（旦那さんと別居した表向きの理由など）、または話しづらいせいで質問が増えたりするでしょう（「離婚と何か関係があるのでしょうか」など）。

もちろん聴き手は、一年半前の出来事を教えてもらうことによって、話し手の外的な状況をより理解できるでしょう。しかし、そのこと自体は共感的理解ではありません。たとえば、「息子さんは両親が離婚したことがストレスになり、それが引きこもりの引き金になったのだろう」と知的に分析することはできます。

しかしそれは、傾聴の本質である、両親の離婚が息子にとってどんな経験になり、何を意味し、息子がそれについて何を思い、どう感じたのか、を当事者の身になってひしひしと、ありありと理解することではありません。同じように、離婚が話し手の女性にとってどんな経験であり、そのころ息子が引きこもるようになったという事実が、彼女にとってどんな意味をもつのかを、聴き手があたかも彼女であるかのように彼女の身になって理解することにはなりません。

聴き手が共感的に、理解的に、受容的に傾聴していけば、話し手は彼女にとって重要な事柄を必ず語る時がきます。しかも、話し手にとって最も適切なときに適切な方法で語ります。そのときには、聴き手から質問されたから答える、という答え方とは情緒的な意味合いのかなり違う、より深いこころの動きを伴う、より純粋な語りになります。

私ならそのことを信頼して、あくまで話し手の語りに沿っていくようこころがけます。ですから、【その5】のような質問はしません。

Exercises

4　離婚したいという主婦（51歳）

――イライラした様子で、早口でしゃべる。

「何もしない人なんです、うちの旦那は。電球が切れても替えないし、仕事から帰っても靴下は脱ぎっぱなしで、洗濯カゴに入れるぐらいはしてほしいわ。それに、私のことなんか全然大切に思っていないんです……子どものことで担任の先生から電話があって、それを相談したくても全然聞く耳をもたないし……離婚も考えているんです」

さて、あなたならどう応答しますか。
実際に書いてみましょう。

【あなたの応答】

【1】話し手を理解する

❍些細なことにでも耳を傾けましょう❍

この女性は旦那さんについて、電球も替えない、靴下は脱ぎっぱなし、という不満から語り始めました。聴き手はそれをさえぎることなく一生懸命に聴いていたのでしょう。ですから彼女は、「主人は私のことを大切に思っていない（そしておそらく子どものことも大切に思っていない）」という、本質的な問題を語ることができました。

話し手は、最も深刻な問題や気持ちについて最初から自由に語れるわけではありません。より話しやすい事柄から始め、聴き手の共感的で受容的な態度が伝わるにつれて、何を話しても安全だと感じられ、徐々に問題の本質へと話が近づいていきます。ですから、話し手の内容がいかに些細でつまらないことのように思えても、真心で耳を傾けることが大切です。たとえば、話し手の女性が旦那さんへの不満について話し始めたときに、聴き手が「私たちの年代の男性って、電球を替えないとか、靴下を脱ぎっぱなしにするとか、そんなものよ。あきらめなさい」などと言って話し手の気持ちを切り捨てたのでは、援助になりません。

話し手は、「離婚を考えている」とまで語っています。彼女は結婚生活について、まだ語ってはいませんがかなり深刻な問題を感じており、しかもその解決については絶望的な思いを抱いているでしょう。彼女の感じている問題が何なのか、そしてなぜその解決が絶望的に思えるのかを、彼女の身になって共感的に理解するためには、彼女があなたに表現していることに丁寧に沿いながら聴いていくことが大切です。

【2】傾聴の応答例

ここでは、よくある応答例を挙げてその良し悪しを説明します。

あなたの応答はどれに近かったですか。説明を読みながら振り返ってみましょう。

【その1】「子どもはいるの？ 離婚したら子どもがかわいそうよ」

この応答は、「子どもがいるなら離婚すべきではない」という聴き手の価値観、判断を伝えるものです。話し手の気持ちになれば、もし「子どもがいます」と答えたら、離婚を本気で考えざるを得ない彼女の追いつめられた状況や気持ちを理解されることなく、離婚しないよう説得されてしまいそうです。話し手がそんな不安をもったのでは、本音が言える安全な対話の関係にはなりません。

聴き手に大切なことは、深刻な状況と思いを、できるだけ彼女の身になって理解しようと努めることであり、そのためにも、彼女が表現していることをじっくり細やかに聴くことです。

【その2―①】「あなたが全部やるからご主人が甘えるのよ。ほおっておいたらいいのよ」
【その2―②】「私たちの年代の男の人はみんなそうじゃない？　あきらめなさい。そんなことぐらいで離婚、離婚と騒ぐものじゃないわ」

このように応答する聴き手は、「電球を替えない、靴下を洗濯機に入れないなど、夫が家事をしないことが問題だ」と理解しているのでしょう。しかし、それは正しくありません。話し手が苦しんでいるのは電球や靴下が原因ではなく、旦那さんが彼女のことを大切にしてくれないと感じるからです。その苦しみについて語っていけるよう、聴き手は共感的に聴き続ける必要があります。

【その3】「旦那さんのことばかり言うけど、あなたにも悪いところがあるんじゃない？」

人間関係は相互作用です。夫婦仲がうまくいかない原因は、夫婦の関係のなかでつくられたものです。たとえば、磁石に引き寄せられてしまった鉄の板は、「あいつが磁石だから私は無理やりに動かされた！」と文句を言うかもしれませんが、その板が木製であれば、いくら強力な磁石であっても無理やり動かされることはありません。

ですから、離婚を考えるほどにまで夫婦仲が悪化した原因は、旦那さんと話し手の関係のなかで生まれたものです。ですから、私は離婚について「話し手にも〝悪い〟ところがある」と表現するのは好きではありません。夫婦仲がうまくいかないからといって、話し手が「悪い」人間ではないからです。誰かを悪者にする必要はありません。

話し手を責めても問題は解決しません。誰だって責められるのは嫌です。他人を責めるほど、解決から遠ざかってしまいます。同様に、自分を責める自己嫌悪と罪悪感も、解決を遠ざけます。ですから、話し手を責める聴き手のこの応答は、援助を邪魔します。

本当の解決につながる変化は、話し手が旦那さんへの不満と怒りをこころおきなく語り、表現し、受け止められる過程によって生じます。この人が自分自身を見つめるこころの動きが起きるためには、次のことが必要です。それは、聴き手から「あなたにも原因がある」と責められたりはしないし、何を話しても理解され受け入れられる、安全な人間関係のなかで、話し手が旦那さんの悪口でも文句でも何でも言いたいことを十分に語り、不満、怒り、寂しさなどの感情を感じることです。

この過程が進むにつれて、話し手はやがて自発的に、自分自身のことをより素直に見つめて語りはじめるでしょう。「私にも原因があってね……」という語りになるかもしれません。ただし、その過程が始まるまでには、旦那さんに対する不満ばかりが語られる面接を、何度も何度も重ねる必要があることもしばしばです。

【その4―①】「ご主人には、あなたのこともお子さまのことも大切にしてほしいのに、それが感じられなくて、本当にご不満なのですね」

【その4―②】「離婚まで考えていらっしゃる。ご家族へのご主人の愛情が感じられず、それほどお辛いし絶望的にお感じなんですね」

話し手の苦しみを、聴き手があたかも自分のことのように想像して感じながら、このように共感的に返すと、話し手のこころの支えになるでしょう。

そして【その3】の後半でもお話ししたような、話し手の変化に向かう援助的な対話へと深まっていくと思います。

Exercises

5 人生で何をしたいか分からないという女子大生（4年）

——焦りと不安で思いつめた様子で話す。

「就職活動をしなくちゃいけないのに、何の仕事をしたいかが決められないんです。私の将来はどうなっちゃうんだろう……大学までは親の言うとおりに生きてきたんですけど、私、人生で何をしたいか分からないんです」

さて、あなたならどう応答しますか。実際に書いてみましょう。

【あなたの応答】

【1】話し手を理解する

「人生で何をしたいのか分からない」「自分の人生を生きている実感がない」「何のために生きているのか分からない」という、深い苦悩のなかを生きている若者たちはたくさんいます。彼らがそう感じざるを得ない原因は何でしょう。

それについて考えるために、まず、あるお父さんの手記(1)を紹介します。

◯あるお父さんの手記◯

小学四年生の娘をよく見ると、元気がない。習い事があって、私とも一緒に遊べません。バスケット教室と学習塾は、楽しいと言っている。でも本当に楽しいのだろうか。

塾に行くと学校で分かりやすいから楽しいと、娘は答えます。

でも、何のために塾に行き、何のために宿題をしなければならないのか。

いい成績をおさめ、いい学校を出て、いい会社に入って出世競争……。それでいいのか……。

そこで、「お休みのときはみんなで公園に行きたいね。お前はどう?」と聞くと、大泣きしはじめたのです。驚きました。そして「みんなで、公園に行きたかった……」と言いました。

本当はみんなで公園に行って、遊びたかったのですが、親が望んでいるからと、我慢しながら塾に行っていたのでしょう。

本当に大切なものは家族のつながりなのだなと気付くことができました。

（ネットワーク地球村の会報、『地球村通信』二〇〇六年八月号）

この娘さんはどんな気持ちでいたのでしょう。バスケット教室を楽しいと感じていたのは、嘘ではなかったかもしれません。学習塾に行くと勉強がよく分かるのでうれしい思いをすることも、本当だったのでしょう。

でもそれと同時に、「学習塾より、バスケット教室より、みんなで公園で遊びたい」という気持ちも、彼女は感じていたのです。しかし「そんな気持ちを正直に話すとお父さんをがっかりさせるし、今までのようには愛してもらえない」という気持ちから、彼女は本当の気持ちを抑えつけて、「元気に習い事に行く娘」を演じていたのかもしれません。お父さんの言葉に大泣きしたのは、きっと子どもごころに苦しかったからに違いありません。

しかし、それはみんな善意からのことでした。お父さんが娘さんを塾に行かせたのも、バスケッ

---

(1)　この素晴らしいエッセイの執筆者である加茂精也氏は、本書への転載をご許可くださいました。ありがとうございました。

ト教室に通わせたのも、それが娘さんのためだと信じたからです。娘さんだって親思いの優しい子だからこそ、お父さんの期待に応えたい、とがんばったのでしょう。

◯親の愛を求めるあまり、自分の気持ちに嘘をつかざるを得なくなる◯

私たちはみな、親に認められたい、受け入れられたい、愛されたい、と強く願って育ちました。そしてその気持ちが、しばしば自分に対して悪意のない嘘をつかせることになります。

さきほどの小4の女の子は、家族で公園に行き楽しく遊ぶことができない寂しさ、塾やバスケット教室へ元気で通う子どもでいなければ認めてもらえない寂しさ、そしてそんな寂しい思いをさせるお父さんへの怒り、などの気持ちをずっとこころに抱えていたでしょう。でも寂しさを感じるのは辛いし（実際のところ、寂しさを感じると大泣きせざるを得ませんでした）、愛するお父さんに腹を立てる自分も許せなかったのでしょう。きっとそれらの気持ちを押し殺して、「塾は楽しい、バスケット教室は楽しい」と彼女の小さな胸に言い聞かせていたのではないでしょうか。

その彼女が、お父さんに「本当はみんなで公園に行きたかった」と話せ、それを受け入れてもらえたことは、彼女にとってすごく貴重な経験だったろうと想像します。彼女は、塾やバスケット教室に元気に行く子どもでなくても、寂しさを押し殺さなくても、お父さんから受け入れられることを知ったでしょうから。

子どもは親からの無条件の愛情を求めます。それはつまり、「あなたはお隣の○○ちゃんより不細工だし、向かいの□□ちゃんと違って運動神経はにぶいし、裏手の△△ちゃんほど聞き分けの良い素直な子じゃない。だけど、それでも私はあなたを世界で一番愛しているし、あなたが一番大切。だってあなたは私の子どもだから」ということでしょう。そのような無条件の愛情を受けることによって、子どもは自分の存在価値をこころの底から信じることができます。自分は愛されるに値する人間だ、と当たり前のように感じることができるのです。

しかし現実には、子どもをいつも百パーセント無条件に愛することのできる親などいません。ですからどの子どもも、程度の差はあれ傷ついて育ちます。もちろん、子どもが傷ついたからといって子育てが失敗したわけではありません。成功も失敗も両方があって、親も子も成長していくのでしょう。

親が「ああでなければならない」「こうしなければならない」と子どもに教えるとき、子どもにとってそれは拒絶です。「ありのままの自分は、無条件で尊重される価値のある存在ではない。親から教えられた条件を満たさない限り、自分は愛される価値のないダメな人間だ」、というメッセージを受け取るからです。もちろん、親は子どもにそんなメッセージを伝えたつもりはありませんが、子どもはそう受け取るものです。

親から伝えられる「愛される価値のある立派な人間になる」ための条件は、私たちの文化に数限りなく存在します。「勉強ができる人間が価値がある」「有能な人間が価値のある人間だ」「まじめに努力する人間が立派だ」「まじめばかりではダメで、遊びも知ってこそまともな人間だ」「かわいい美人だったら愛される価値がある」「強くなければダメな男だ」「悲しんだり寂しがったりする人間は弱いダメ人間だ」「理性的でなければならない」「怒りは危険だ。怒る人間はみっともない」「性は汚くいやらしいものだ。そんなものを存分に楽しんだりしてはみっともない」などなど。

私たちは、「自分は無条件で価値のある人間だ」という確信があやういほど、それらの価値の条件を満たすことによって自分の価値を獲得しようとします。それが、完璧主義や仕事中毒、学歴偏重などを生み出します。さらに、「人にどう思われているかが気になる」「自分は何をしたいのか、何が好きなのか嫌いなのかが分からない」「自分の気持ちが分からない」、というこころの状態につながることもしばしばです。親から愛されているか、認めてもらえるかどうかを気にするあまり、自分の本当の感情や関心を抑えつけて育ったからです。

❍フリーターやニートにならざるを得ない若者たちの心理❍

若者たちが「人生で何がしたいか分からない」と悩む原因は、大きく分けると二つあると思います。

一つは、自分が何に関心があるかは分かっているけれど、それが具体的な職業にどう結びつくのかがみえないときです。たとえば、今の日本であれば、心理カウンセラーという職業の存在は人びとに知られていますし、臨床心理士などカウンセラー関連の資格があります。しかし以前は、人のこころに興味があり、人を助けることが好きな若者に用意された職業はあまりに乏しかったため、そんな職業の存在さえ知らない若者が多かったでしょう。

もう一つの原因は、幼いころから自分の素直な感情、欲求、興味を分かってもらえ尊重されるよりも、親が望むように信じ、考え、行動することを要求され、その要求に忠実に従ってきたことです。彼らは進路や専攻を決めねばならなくなったとき、「(親ではなく) 自分は何をしたいか、何に興味があるか」を明らかにすることを求められ、途方に暮れます。それまでは、自分の正直な気持ちを率直に感じ、それに従って行動することは、親から認めてもらえない、愛情をかけてもらえないことになりかねない危険なことでした。彼らはまた、自分の本当の気持ちを抑圧してきたので、自分自身の人生を生きているという実感ももちづらいでしょう。

◯援助のために大切なこと◯

では、どうすればこの話し手のような若者を援助できるのでしょうか。

援助者(聴き手)によっては、彼(彼女)の興味や関心のあること、好きなこと、学校で得意だった科目などを、思いつくままに話してもらったり、紙に書き出してもらったりする、という方法を用いる人もいるでしょう。そして、出された事柄をもとに、彼(彼女)がどんな職業に向いているかを検討していきます。また、職業適性検査などを受けてもらい、その結果にもとづいて適職を考える、という方法もあるでしょう。

このような方法で職業を見つけられる若者には、それでよいかもしれません。しかし、自分の純粋な感情や関心、本心を抑圧して生きてくるしかなかった程度が強い若者ほど、これらの方法では解決しづらいと思います。これらの方法では、なかなか自分の本心には到達できないからです。

こういった若者たちは、親からありのままを愛された実感が乏しいために、とても深い慢性的な寂しさに苦しんでいます。ですからそれを埋めようとして、他人からの関心を痛切に求めています。それゆえ、カウンセラーや先生などの援助者が「興味あることを書き出してごらん」「職業検査を受けてみては」などと提案すると、援助者から好かれたくてたまらないので、その要求に従うかもしれません。しかしその方法を用いても、本心を抑圧して生きてきた程度の高い若者であれば、適職を見つけて生き生きと働けるようにはならないでしょう。なぜなら「自分の本当の気持ちを自分でも知らないうちに抑圧しており、感じることができない」という根本問題が解決されていないからです。

心理カウンセラー（心理療法家）の私の見方では、最も根本的な解決とは、彼らが自分の本心を感じられるようになり、自分らしさを発揮して生き生きと生きられるようになり、自分自身の人生を生きている実感を取り戻すことです。そのために必要なことは、彼らが聴き手との関係のなかで、「この人だったら何を言っても受け入れてくれるし、分かってくれる」と徐々に感じはじめ、それにつれて、話したいことをより自由に話せるようになる、そんな人間関係を提供することです。

そうすれば、話し手は少しずつ、実感を伴って語れるようになります。その過程が進むほど、感情や感覚がより生き生きとよみがえり、根本的な解決に結びつくと思います。ただ、傷つきが深く激しい人ほど、その過程には長い期間がかかるでしょう。聴き手がそれを理解してじっくり付き合えるほど、支えになれます。

では、具体的にどのように話し手の言葉に耳を傾ければよいのかを、検討していきましょう。

【2】傾聴の応答例

ここでは、よくある応答例を挙げてその良し悪しを説明します。

あなたの応答はどれに近かったですか。説明を読みながら振り返ってみましょう。

【その1】「失敗を恐れすぎではないですか。就職活動はやってみないと分からないんだから、とにかく何でもいいから始めてみるべきではないですか」

この聴き手は、話し手が失敗を過度に怖れて臆病になっていることを感じ取ったのでしょう。その感受性はとても大切です。たしかに、傷つきの深い人ほど失敗を怖れます。なぜなら、過去に親など大切な人の期待に沿えず拒絶された痛みのために、「うまくできなければ自分は否定されたり責められたりする」「うまくできなければ愛されない」「失敗したら自分は価値がない人間だ」という恐怖が先に立つからです。

また、聴き手の「何でもいいから始めてみるべきだ」という意見は、理屈としては正しいかもしれません。そのような元気づけによって一歩を踏み出せる若者には、役に立つかもしれません。

しかし、傷つきが深い人にこういった〝正しい〟理屈を話して圧力をかけても、解決にはつながらずかえって問題がこじれかねません。このような人にとって必要なのは、彼らの「失敗なんかしたらとんでもないことになる」という恐怖とおびえ、そんな恐怖を抱かざるを得ない劣等感、自己無価値感の苦しみを、共感的に分かってくれる人の存在です。

このような若者の支えになるには、「この人は失敗を怖れすぎているなあ」という感覚を、彼らを変えようとして使うのではなく、失敗を怖れるあまり足がすくんで動けない、どうしようもないという苦しみを、理解するために使うことが大切です。

【その2】「誰だって才能の一つや二つはあるものです。あなたの好きなことや、関心をおもちのことを教えてください」

さきほど述べたように、このような方法によって援助できる若者には、これでもよいかもしれません。しかし、傷つきが深い人にはこのやり方では効果は出ないでしょう。

【その3】「将来が不安なんですね」

話し手は何がどう不安なのかを、ある程度語っています。それを受けてこの応答では、あまりに漠然としています。話し手の最も中心的な不安は「人生で何をしたいかが分からない」ということですから、この応答では、話し手は「本当に分かってもらえている」とは感じられないでしょう。聴き手の理解が足りないと、話し手はさらに重要な事柄を話して対話を深める気にはなれません。さらなる苦しみを語っても理解してもらえなければ、それは辛すぎることだからです。

ですから話し手は、このような的を射ていない応答をされると、同じ話題を繰り返すことがあります。たとえば、「就職活動をしていても、自分が何をしたいかがはっきり分からないんです」のように。聴き手はそれを聴いて理解をし直し、言葉にして返せばいいでしょう。たとえば「何に興味があるかが分からず、すごく焦るんですね」のように。そうして対話が進みます。

また、このようなあいまいな応答をされると、話し手は何を言いたかったのかが分からなくなり、混乱することがあります。そんなときには、「えっと……」と言ったものの、そのまま沈黙するかもしれません。

あるいは、話し手は自分の気持ちや思いを話せなくなり、質問をすることもしばしばあります。それは純粋な質問ではなく、会話の間を埋めるためのものだったり、聴き手が理解してくれないことについての不満の表現だったりします。

このようなときに聴き手がすることは、話し手の表現していること、伝えたいことを理解して、その理解を言葉にして返すことです。

たとえば、話し手が混乱しているなら、「私のさきほどの発言で混乱された感じでしょうか」と尋ねるのはひとつの方法でしょう。あるいは、あなたに理解されず話し手が不満を感じているようなら、「私から理解されていない感じがあるんでしょうか」とか、「私のさきほどの発言について、すこし引っかかる感じがされるのでしょうか」のように返すと適切なこともあります。

話し手から質問をされたけれど、それが何を表現しているのかが分からないときには、「（話し手の質問の内容について）それがどう気になるのか教えていただけますか」のように尋ねるとよいでしょう。

または「私の理解がずれているかもしれませんね。私が理解していることをお伝えしますから、訂正や補足をしていただけたら、と思いますがよろしいでしょうか」と前置きをして、話し手が伝えたい重要な事柄について、あなたが理解している要点をまとめて述べるのも、ひとつの方法です。

たとえば「あなたがおっしゃっているのは、就職活動が始まりつつあり、将来について考えることを迫られて焦っておられる、ということでしょうか」と伝えます。この応答では、話し手の伝えたい最も大切な要点を、十分には理解できていません。ですから話し手はそれを受けて、「ええ、人生で何をしたいかを決めないと就職活動も始められないのに、それが分からないんです」と答えるかもしれません。聴き手はそれに対して「人生で何をしたいかが分からないので、すごく焦るし不安なんですね」のように返せば、より理解が正確になります。

話し手のことをいつも完璧に理解して、ベストのタイミングと言葉で返すことなどはできませんし、そんな必要もありません。ですから、聴き手が理解不足だったり、理解の誤りが明らかになったときにも、あわてることはありません。あわてるのは、聴き手の「完璧でなければいけない」という信念だったり、「話し手からダメな聴き手だと思われるのではないか」という不安などのせいです。それらの不安は傾聴を妨げます。理解の不足や誤りが明らかになれば、そのたびに補足・修正していけばよいのです。

このように、傾聴とは、話し手の気持ちと思いについての理解を、対話を通してより正確に、より深く、より広いものへと発展させていく過程です。

【その4】「あなたとしては人生で何をしたいのかが分からないので、就職活動も始められないし、すごく焦るし、不安なんですね」

さきほど「話し手を理解する」の節でお伝えした、彼女のこころのありようを共感的に理解しながらこのように応答すれば、話し手は「この人は私が今までに接した『正しいこと』を押し付ける人たちとは違い、私のことをひょっとすると分かってくれるのかな」と感じやすいと思います。そして、あなたの受容的で理解的なあり方が話し手に伝わるほど、彼女は、少しずつでもこころを開いて話せるようになるでしょう。

彼女が自分の気持ちを、少しずつでも、より生々しく感じて語れるようになるほど、彼女は本心を感じられるようになるとともに、生々しい生命のエネルギーが湧き上がるでしょう。そしてそれが、彼女の生きる力と彼女らしさが引き出されてくる大切な歩みになります。

Exercises

6 会社への不満を語るOL（30歳）

――話しながら怒りが込み上げ、そのあと不安へと感情がゆれ動く。

「このままOLで事務を続けていいのかな。焦るのよね。会社って入り立ての若い娘《こ》ばっかりちやほやするでしょ。それで後輩の尻拭いはこっちに回ってくるの。この前なんか、若い娘《こ》が電話を取ったんだけど、相手の名前も聞いてないから私は電話を返せなかったの。もし得意先だったらどうするのよ、まったく！……それでさ、このまま会社を続けると、周りからは『そろそろ辞めたら』『まだ結婚しないの』みたいな雰囲気になるし……歳をとってもできる仕事を身につけて、早く会社を辞めるほうがいいのかな」

さて、あなたならどう応答しますか。
実際に書いてみましょう。

【あなたの応答】

【1】話し手を理解する

ここでは、このOLが感じている苦しさが何なのかについて、仮説を立てることにします。この仮説が、彼女の苦しみをどれくらい正確に理解しているものなのかは、彼女が今後こころを開いて自由に話してもらうなかで、徐々に分かっていきます。

❍周りの人たちからちやほやされたくてたまらない、好かれたい欲求❍

「周りの人たちからちやほやされたくてたまらない、好かれたくてたまらない」という欲求が特に強い人は、幼少期に「親からありのままの自分を大切にされ、愛された」という実感が少ないことによる傷つきが、特に深い人です。

ありのままの自分を親から愛された実感が少なければ、その寂しさを大人になっても抱え続けるため、慢性的な空虚感を強く感じ、自分が価値のある人間だと感じることもできません。そのような慢性的な空虚感・自己無価値感が強いほど、他人の目を気にせず、失敗を怖れず、自分の思うように人生を精一杯生きる、ということが難しくなります。

なぜなら、「周りの人びとから好かれたい」という欲求があまりに強いので、人から受け入れてもらえないこと、人から悪く思われることがとても怖いため、人目がとても気になるからです。また、もし失敗すると「やっぱり自分はダメな人間だ」という深い劣等感の傷がえぐられるからです。ですから、そんな人は失敗をとてもこわがり、完璧主義の傾向が強くなります。そのため、危険を冒してでも、思いきって自分の可能性を求めて行動を起こすことが難しいものです。
それゆえ、本当に自分のしたいことを感じて、それに向かって挑戦する勇気がなかなかもてません。自分自身の人生を精一杯生きることができませんから、「人生が空虚で意味が感じられない。人生の意味が感じられない」といった、人生への空虚感・無価値感を感じることになります。

❍話し手の嫉妬と怒りについて❍

慢性的な激しい空虚感・孤独感を抱えていると、自分が好かれているか、それとも人の関心が自分よりも誰か他の人へ向いているか、ということに非常に敏感になります。そして、ちやほやされる人に対して激しく嫉妬します。この話し手の女性が、ちやほやされる若い女子社員に嫉妬していることは容易に想像できるでしょう。しかし、彼女はその嫉妬心を素直に認めることができず、その代わり、若い女子社員たちへの怒りというかたちで感じています。そして、さらにその怒りの底には、自分に好意的な関心を向けてくれず若い女子社員をちやほやする、会社の人びとへの怒りがあるでしょう。

また、若い女性をちやほやする社員たちに腹は立つものの、話し手はその社員の人たちから好かれたくてたまらないので、怒りや不満はこころにため込んだままです。その苦しさを軽減させたいので、聴き手であるあなたに語ったのでしょう。

この女性が感じている悩み・苦しみは、そのようなものかもしれません。
では、どう応答することが援助的なのかを、検討していきましょう。

【2】傾聴の応答例

ここでは、よくある応答例を挙げてその良し悪しを説明します。

あなたの応答はどれに近かったですか。説明を読みながら振り返ってみましょう。

【その1】「それ、分かります。私もそうだったんです！ 私のときは、同期の女の子は結婚して辞めるし、後輩の子も結婚して辞めたし、それが立て続けに起きたんですよ……あなたもそうですか？ 自分だけが会社に取り残されるでしょう？ 私もしんどかったですよ」

日常の人間関係であれば、聴き手がこのような態度で接すると「グチ大会」になりがちです。話し手にとっては、それがストレス発散だと感じられるかもしれません。この調子でグチを言い合うことができれば、少しは気が楽になることでしょう。

しかし、グチ大会はほとんどの場合、「人生を本当に変えよう」という変革への意欲にはつながらないと思います。なぜなら、グチ大会は「いかに周りや他人が変わるべきか、今とは違うべきか」という、不平不満に終わりがちだからです。そして、「いかに自分も自分の人生も変えられないか」を確認しあう結果になります。それはつまり、「自分の人生の中心が自分にはなく、他人や環境など自分以外にあり、それゆえ自分は人生を変えていく力のない、無力な犠牲者だ」、という信念を強めることです。そして無力な犠牲者であるみじめさを、「私だけじゃないわ、あなたも同じね」という慰め合いによってごまかします。

ですから日常の人間関係であれば、グチ大会をする意味もときにはあるかもしれませんが、専門家として聴くときには、それでは不十分です。

また、聴き手がこのような態度で接すると、話し手に伝わるメッセージは、「聴き手である私だってみじめな経験があるんだから、そのみじめさをあなたも分かってほしい」ということでしょう。それでは、どちらが援助されるほうか分からず、話し手は救われません。話し手は、自分のことを分かってほしくてさらに同じ話を繰り返すか、または自分の欲求を抑えて相手の話を聞こうとするか、いずれかになるでしょう。

私たちが人を支えるためには、自分自身が高い程度に満たされていることが必要です。自分が満たされていなければ、この聴き手のように、話し手が苦しさを訴えているのに、それをじっくり受け止めるどころか、自分のことを分かってほしい気持ちが先に立ってしまいます。自分が愛されたくて愛されたくてどうしようもない人には、他人を本当に愛するこころのゆとりは少ないものです。ですから、人の支えになろうとする人は、他人を助けようとする前に、まず自分が援助を得ることが必要です。そうでないと無理をして苦しくなります。

したがって、人の援助をする人自身がカウンセリングを受けるのは、援助能力を高めるためにとても有益です。

【その2】「資格を取ったらどう？　したいことはあるの？」

この応答は、「話し手の問題を解決しよう」、もしくは「解決策を教えよう」という態度の表れです。聴き手が解決策を知っており、話し手がそれを知らないから困っているのであれば、解決策を教えればよいでしょう。

しかし、私たちが人生において本当に悩んでいるときは、単に教えれば実行できるような解決策はないことが多いものです。たとえ正しい解決法があったとしても、話し手には実行できないことがほとんどです。それが実行できるなら、とっくに自分自身で解決しているでしょう。

話し手の困難がアドヴァイスによって解決・軽減するようにみえるのは、ほとんどの場合、話し手のありようと苦しみの深さを正確には理解できていないときです。

【その3】「うん、うん、分かります」

実際の対話では、この返答で十分なこともよくあります。聴き手が話し手の言いたいことや気持ちを正確に理解して、ひしひしと生き生きと自分のことのように想像して聴きながら、このような応答とあいづちをたくさん返せば、話し手はより安心して話しやすくなるでしょう。

しかしこの応答は、話し手の何をどう理解して、何が分かるのかを、言葉にできていない漠然としたものです。このような応答だけでは、話し手に聴き手の理解が伝わらないことも多いでしょう。そんなときには、たとえば、次の【その4】のような応答をときどき返すとよいと思います。

【その4―①】「ちやほやされる若いこ娘《こ》たちが仕事ができないことの負担があなたにかかってしまい、それでがんばっておられるのに、だんだん必要とされなくなる感じがして居づらいし、先のことを思うと不安なんですね」

【その4―②】「だんだん居づらくなっていて、このままじゃ先のことがすごく心配なんですね」

聴き手が、さきの「話し手を理解する」で述べたような理解をし、話し手の思いを彼女の身になって想像しながら、共感的な様子でこの応答をすれば、話し手はさらにこころを開きやすくなるでしょう。

話し手は、若い女性社員たちへの不満や怒りが、よりありありと感じられるようになり、それについてさらに語るかもしれません。たとえば「そうなんです。入社一年目の娘《こ》がいるんですけど、その娘《こ》は……」と、さらに別の不満な出来事について話すかもしれません。または、自分のがんばりと貢献を認めない上司たちへの不満を語るかもしれません。もしくは、会社から必要とされない不安について、あるいは、将来の不安を語るかもしれません。

そして、彼女が何を語ろうと、それを語るなかで表現されている彼女の気持ち・思いを、できるだけ理解しながらついていくことが、援助的な傾聴です。このような対話が展開するにつれて、彼女は本当の生き生きした感情、こころの動きに開かれていきます。それは、幼いころから純粋な感情や気持ちにふたをせざるを得なかった、彼女の今までのあり方とは正反対の動きです。すなわち、「私は本当は何を感じているのか、何が好きなのか、何に興味があるのか」を感じられるようになる動きです。

そして、この過程が進むほど、彼女が本当にしたいことを見つけ、意味と充実感を感じられる人生を創っていく方向への援助となるでしょう。

Exercises

7 リストラされ自宅も失い、自殺したいという元会社員の男性（49歳）

——追いつめられ、疲れ果てた様子で話す。

「ふくらんだ借金を返すために必死でがんばってきた。職を失ったあと、プライドも何もかも捨てて、安いあんなアルバイトでも歯を食いしばってやった。それなのに、借金をこんなに抱え込んで首が回らず……とうとう家まで差押えで奪われて……今まで何とかして耐えて、耐えてやってきた。でも何をしても……もうダメだ（涙）……死んでしまいたい……自殺を……考えてしまうんです」

さて、あなたならどう応答しますか。
実際に書いてみましょう。

【あなたの応答】

【1】話し手を理解する

◯「自殺したい」という訴えについて◯

人が「自殺したい」と言うとき、本当に言っていることは、「あまりに苦しみが深く激しく絶望的で、この苦しみから逃れるには死ぬしか方法がない」ということだと思います。そう聴くのが正しいと思います。

また、自殺をすることによって何かのメッセージを伝えようとしていることもしばしばあります。たとえば、自分を苦しめた誰かに対して「お前のせいでオレはこんなに苦しい思いをしているんだ！　この苦しみが分かるか！」というメッセージです。そのような場合の自殺は復讐の意味をもちます。自殺によって「自分を苦しめた人間に罪悪感を抱かせて苦しめたい」、という意図です。

この話し手の男性に必要なのは、そんな激しい絶望感、憎しみ、復讐心、苦しめられるばかりで自分を守れない無力感、といった感情を、彼のペースで十分に表現し尽くして、それを共感的に理解され受け止められることです。そのようなマイナスの感情を話し尽くすことができるほど、自殺などの行動によって感情を表す必要性が低下します。また、言葉による表現が十分になされるほど、今はくじけてしまっている成長への欲求と、話し手が本来もっている強さを取り戻す助けになり得ます。その強さと成長への欲求が、何度も膝をついても再び立ち上がろうとするたくましさになります。

【2】傾聴の応答例

ここでは、よくある応答例を挙げてその良し悪しを説明します。あなたの応答はどれに近かったですか。説明を読みながら振り返ってみましょう。

【その1】「プライドも捨てて必死でがんばってきたのに、住む家まで奪われて、絶望的で、もう死んでしまいたいほどお辛いんですね」

話し手のあまりの絶望感、疲れ果てて生きる気力さえなくなったみじめさを、できるだけ話し手の身になって想像し、ひしひしと、ありありと感じながら一緒にいることが決定的に大切です。聴き手がそのあり方をしながら、理解したことをこのように簡潔に言葉にできると、話し手の支えになります。話し手の身になれば、絶望感を分かってもらえることは、誰にも理解されず孤独のなかで苦しむことに比べればずっと意味のある経験になります。

【その2】「大変ですね」

話し手は、なぜ苦しいのかをある程度具体的に語ることができています。つまり、借金を返そうとがんばったこと、職を失ったこと、そのあとプライドを捨てて低賃金のアルバイトでも歯を食いしばってしてきたこと、などです。その話し手の発言に対して、このあまりに漠然とした応答では、話し手は「この人は自分の言うことを聴いてちゃんと理解してくれている」とは、感じられないと思います。

また、話し手が「死にたい」とまで言うとき、その発言の重大さを尊重することが大切です。ところがこの応答では、「死」や「自殺」という言葉が避けられています。

傾聴においては、日常のおしゃべりではタブーである死や自殺について聴き手が避けずに取り上げるとき、話し手には「この場では、自分にとって大切なことが、避けたりごまかしたりされることなく話し合えるんだ」というメッセージが伝わります。ですから、話し手が死や自殺など重大な発言をしたときには、それを怖れることなくきちんと取り上げる姿勢が大切です。

ただ、繰り返しお話しししているように、傾聴において根本的に大切なことは、話し手の気持ちをできるだけ自分のことのようにひしひしと感じながら、一緒にいることです。話し手の語ることがあまりに壮絶で悲惨であれば、聴き手は言葉を失うこともあるでしょう。そんなときに、言葉がうまく出ないからといって、聴き手のあり方が非援助的だと一概には言えません。反対に、話し手の苦しみを、聴き手があたかも自分のことのようにひしひしと想像し感じることなく、言葉だけをおうむ返しにしても、まったく支えにはなりません。

要は、話し手の苦しみを感じながらも、理解したことを聴き手ができるだけ的確に簡潔に言葉にして返すことができれば、共感的理解がより伝わりやすく、より支えになれる、ということです。

【その3】「あなたとしては、多額の借金を返そうとしてすごくがんばったんですね。リストラされたあとにはプライドを捨てて、安いアルバイトでも『なにくそ！』と我慢したんですよね。それなのに、借金は減るどころか首が回らなくなっているんですね。しかもお家は差し押さえられて、これまでは何とか耐えたけど、もうこれ以上は耐えられないところまできたので、自殺したいと思うんですね」

応答が長すぎます。私たちが話をするとき、Dを言うための説明としてまずCを話し、その前置きとしてBを話し、さらにそのための準備としてAを話すことがよくあります。そんなときに聴き手が「まずAでそしてBなんですね。そしてCになってDなんですね」のように言葉を多く重ねると、話し手の感情が削がれます。また、話し手にとって長く聞き続けることは負担にもなります。このとき、話し手が伝えたい核心はDです。A、B、Cはそのための前置きや説明にすぎません。ですから聴き手は、「Dなんですね」とだけ言えば十分です。【その1】の応答例がその一例です。

大切なことは、話し手の伝えようとしていること、話し手の経験を、できるだけ話し手の身になって、ひしひしと、ありありと想像し、感じ、正確に理解し、話し手が伝えたい核心を返すことです。話の内容という形式的なことを正確に再生するのは、機械的なあり方であり、話し手のこころの支えになる態度ではありません。

あくまで一般論ですが、聴き手の応答は短いほうが話し手は話しやすいものです。

【その4】「何を言ってるんですか！　あなたの人生には良いことだってあるじゃないですか。そんなことを言わないでください」

聴き手のこの応答によって、「幸せに生きてほしい」という思いは、話し手に伝わるかもしれません。しかし、聴き手がこう応答するような態度で話を聴くなら、話し手は、人生において本当に良いと思えることなどとても見つけることのできない苦しさ、どうしようもない絶望感を分かってもらえないので、かえって傷つきかねません。そうなればこころを閉ざすでしょう。

聴き手の意図は、「自殺なんて後ろ向きのことを考えず、彼の人生の良いところを見つけさせよう」ということでしょう。でも死を本気で考えざるを得ないほど傷ついている人にとって、そのような意図をもつ聴き手は、支えになるどころか、重荷になることがしばしばです。

反論できる元気が話し手にあれば、ダメージは少ないでしょう。しかし、反論さえできない話し手の場合には、「ものすごい苦しみを思い切って話したのに、それを分かってもらえず説教をされた」ことで、こころの重荷が余計に増えてしまいます。

Exercises

8　就職の面接が不安だと訴えるニート（無職）の青年（24歳）

——イライラした様子で、小さな声でうつむいて話す。

「親がぼくにネチネチと文句ばっかり言うんです。ぼくの部屋に勝手に入ったり、いつ就職するのかと聞いてきたり……いろんなストレスがあって……おばさんが一緒に住んでいて、お母さんのずっと年上の姉なんですけど、だからそのおばさんに相談するんですけど自分勝手で自分のことしか言わず、ぼくのしんどさは全然分かってくれないんです。だからつい、おばさんに手を上げてしまうんです……就職活動はしているんですけどいろいろストレスがあってしんどいから、面接がうまくいかなくて……面接はどうすればいいですか」

さて、あなたならどう応答しますか。
実際に書いてみましょう。

【あなたの応答】

【1】話し手を理解する

◐理解できるほど、共感できる◑

こころの傷つきが深く激しい話し手ほど、聴き手にとっては共感的に理解することが難しくなります。この話し手は、そういう人かもしれません。彼のような語りを聞いていると、ほとんどの人のこころに否定的な思いが湧いてくるでしょう。二十四歳で無職なら周りが心配するのは当然なのに、親を非難するし、おばさんには暴力を働くし、就職できないことをストレスのせいにするし、などなど彼を非難したくなるのが普通かもしれません。

しかし、話し手のことをその人の身になって理解できればできるほど、その人がそうあらざるを得ない苦しみが理解でき、批判的な思いが湧くことは少なくなります。ただ、深く激しい傷つきのある人の身になって理解することは、それほど易しいことではありません。

◐親を求める欲求が危険すぎるように感じるとき◑

では、この男性の苦しみはどう理解できるでしょうか。

彼は、親から認められ受け入れてもらうことを、強烈に求めているようです。その理由は、彼は幼児期から、母親の安定した無条件の愛情と安心感を、十分には感じられずに生きて来ざるを得なかったからだろう、と推測できます。

ところが、親からの愛情が欲しいという欲求を感じると、それが得られない事実に直面することになります。それは彼にとって、みじめさ、寂しさ、悔しさなどの感情を呼び起こすものでしょう。それらの感情は、彼にとってあまりに辛すぎます。ですから、彼は親への愛情欲求を充分には意識できません。また、成長した男性にとって、親に強すぎる愛情欲求を感じることは、自分が幼児的であるように思えて罪悪感をもつので、やはり感じるわけにはいきません。つまり、彼は親の愛情を強烈に求めていると同時に、その欲求はあまりに危険すぎて感じてはならないものだと思えるのです。

このとき聴き手にとって大切なことは、話し手の男性が幼少期からずっと抱えてきた強烈な寂しさと、親が彼を適切なかたちで愛してくれないことへの激しい怒りと憎しみを、あたかも自分のことのように想像しながら話を聴くことです。

❍話し手の傷つきやすさへの共感❍

さらに聴き手は、話し手にとってその寂しさ、愛情欲求、怒りと憎しみをありありと感じることは、あまりに辛すぎることも同時に理解しなければなりません。ですから彼に、「あなたは親御さんに愛してほしいのでしょう」「あなたはおばさんに手を上げるそうだけど、本当は親御さんに腹が立つのではないですか」などと、決して指摘してはいけません。**親へのあまりに激しい愛情欲求と怒りに、彼自身が自発的に気づく前に聴き手がそんなことを言うと、彼が傷つく**からです。

また、この男性が「親」と呼ぶのが、母親なのか、父親なのか、それとも両親なのか、彼の発言からだけでは分かりません。しかし私のカウンセラー経験をもとに想像すれば、母親である可能性が高いだろうと思います。もし「親」ではなく「母」という言葉を使うと、彼には、母親を求める気持ちが生々しく感じられすぎるのかもしれません。そして、その気持ちは彼にとって深い罪悪感の源になります。ですから彼は「母」とは言えず、性別を特定しなくてもすむ「親」という言葉を使ったのかもしれません。

❍語ることを避けるための質問❍

この男性はまた、おばさんに手を上げることを話したあと沈黙して、就職のことに話題を変えました。これは、彼がおばさんへの暴力に罪悪感を抱いているので、これ以上は語れなくなったからでしょう。そして、「どうすれば面接がうまくできるか」という質問をしています。この質問は純粋な質問ではありません。おばさんに暴力を振るう罪悪感を感じることが苦しすぎて、そのことについては語れないこころの動きの表れです。ですから、その質問を単なる質問だと理解したのでは、彼のこころの動きを共感的に理解できていないし、その質問に答えたとしても援助にはなりません。

❍人から拒絶される恐怖❍

また、この話し手が就職面接を怖れるのは、この章の冒頭「1」で登場した、「私は人見知りだから自分のことはあまり話さないんです。ここでは何を話せばいいでしょう」という男性と、同じようなこころの働きのためだと思います。つまり、彼は親から無条件に愛された実感が乏しいのでしょう。彼は、親から無条件の豊かな愛情を注がれるのではなく、「ああでなければいけない」「こうでなければだめだ」と、認められ受け入れられるための条件を、たくさん課されて育ったのかもしれません。彼は幼児期からのその経験を、今の人間関係に重ねてしまい、「人はぼくに対して否定的で批判的で、ありのままの自分をそのまま表現したら悪く評価するだろう。だから、決して悪く思われないように振る舞わなければいけない」と感じるのです。

このような人にとって、他人との交流はひどく怖ろしいものです。ですから、「面接をどうすればうまくできるか」、という彼の質問は、人に対して恐怖を感じざるを得ない苦しみを表現したものでもあります。

また彼は、人への恐怖を聴き手であるあなたに対しても感じているはずですから、なかなかあなたにも本音は語りづらいものです。彼があなたのことをそれほどまでに怖がっているんだ、ということを共感的かつ受容的に理解しながら話を聴くことが、とても大切です。

【2】傾聴の応答例

ここでは、よくある応答例を挙げてその良し悪しを説明します。

あなたの応答はどれに近かったですか。説明を読みながら振り返ってみましょう。

【その1】「あなたは二十四歳にもなって親の気持ちを考えたことはあるんですか。親のせいにしても解決しませんよ」

話し手の、自分でもどうしようもない苦しみの深さが理解できなければ、このような批判的なことを言いたくなります。このように応答しても、話し手をさらに追い詰めるだけで援助にはなりません。人を責める気持ちは、かえって解決を遠ざけます。

【その2】「親御さんやおばさんなど他人を変えることはできないけど、自分のことは変えられるのであなたご自身を見つめて変えていけば、いいのではないでしょうか」

前述したように、話し手の男性は対人不安が強いですから、あなたからよく思われようとするでしょう。ですから聴き手がこのように指示すれば、それに合わせるようなことを話すかもしれません。「そうですね。ぼくの何を変えればよいでしょうか」などです。

しかしそれは、あくまで聴き手から好かれようとして話しているだけですから、彼自身の本当の変化を促す対話にはなりません。

【その3】「ストレスを上手に解消する方法を見つけてはどうでしょう。趣味はありますか」

この応答は、聴き手が話し手の苦しみをほとんど理解できていないことを表しています。話し手の男性は「ストレス」という言葉を使っています。それは彼が、苦しさ、辛さを具体的に話し感じることを避けるために使った、一般化され抽象化された言葉です。聴き手が共感するためには、彼が「ストレス」という言葉で何を具体的に表現しているのかを理解し、彼にとってその「ストレス」がどれほど苦しいかを想像する必要があります。

では、彼が「ストレス」という言葉で意味しているのはどんなことでしょう。それは、親から受け入れてもらえず責められる苦しさ、就職できないことへの劣等感、将来への不安、彼のそんな苦しさを誰も分かってくれない辛さ、おばさんに暴力を振るってしまう罪悪感、などでしょう。

それらの苦悩の深刻さを、彼の身になってひしひしと理解しよう、心から支えになろうとするとき、「趣味によってストレスを解消しましょう」と軽々しくは言えないはずです。

【その4】「親御さんには、上手に話せば分かってもらえるのではないでしょうか。どのように話しておられますか」

話し手の、親への感じ方や対応の仕方が変わるためには、親への怒りを十分に感じて語る過程を繰り返すことが必要でしょう。いかに親が、彼の気持ちを理解しないか、侵入的に近づいてくるかということの怒り、嫌悪感を、話し手ができるだけありありと感じながら語り尽くすことが必要です。ところがこの聴き手は、彼の問題の本質を理解せず、問題の原因を「話し方」に帰してしまっています。この応答では問題解決が妨げられてしまいます。

【その5】「誰だってストレスはありますよ。ストレスだからって手を上げるのはよくないですよ」

話し手の男性が感じている「ストレス」は、仕事をしたり学校に行ったりできて、人生に意味を感じて生きることができている人たちの「ストレス」とは、その耐え難さにおいてまったく異なるもののはずです。「誰でもストレスがある」とか、「手を上げるのはよくない」ことは、本人自身がよく分かっていることでしょう。正しいことができないし、良くないと分かっていることをしてしまう自分だからこそ、彼はそのことに激しく苦悩せざるを得ないのです。

この男性は、おそらく幼児期からとても激しい傷つき体験を繰り返したはずで、だからこそ、ここまで苦しんで追い詰められてしまったのです。彼にできる精一杯を尽くしても、今の状況をどうにも変えられないのです。その絶望感、無力感、苦悩を共感的に理解することが、彼の支えと立ち直りを促す助けになると思います。

【その6】「親御さんもおばさんも、あなたの苦しみはぜんぜん分かってくれないので、たまらなくお辛いし、面接もうまくいかず不安なんですね」

話し手の苦しさを、できるだけ彼の身になって、想像して感じながらこのような応答をすれば、話し手は自分の気持ちをより正直に語りやすくなり、解決に近づく方向への対話が促されるでしょう。

話し手はこの応答を受けて、親御さんやおばさんが彼の気持ちを分かってくれない苦しみ、おばさんに暴力を振るってしまう苦しみ、就職できない不安と劣等感、就職面接で低く評価されることへの恐怖、不採用になってさらなる挫折体験を重ねることへの恐怖、などのうち、今の彼にとって一番対処できる事柄を選んで聴き手に話し、対話が進むと思います。

たとえば、話し手は「そうなんです、親はぼくの気持ちがぜんぜん分からないんです」と語るかもしれません。そのときには聴き手は「うん、うん」とか、「親御さんには、あなたの苦しいお気持ちを分かってほしいのに、分かってくれないんですか」などと返して、対話を深めていきます。

また、話し手が「ストレスのせいで就職活動がうまくいかないんです」と語るとしましょう。聴き手は、話し手が伝えたい特に重要なことが「ストレス」の苦しみだと感じたら、「ストレス……」と一言だけ返したり、または「すごくストレスがかかって苦しいんですね」などと応答するとよいでしょう。その応答によって、「ストレス」というあいまいで不確かな言葉で彼が表現している事柄が、より具体的に語れるかもしれません。たとえば「そうなんです。親はぼくに『あなたは働く気がない』とか『意思が弱い』と責めるんです」と語るかもしれません。そうなれば、聴き手は彼が「ストレス」という言葉で表現している内容を、よりありありと細やかに理解できます。それによって共感的理解がさらに進みます。

もしくは、話し手が「ストレスのせいで就職活動がうまくいかないんです」と語ったとき、彼が最も分かってほしいことは、就職活動の失敗による傷つきではないかと聴き手が感じたら、「就職活動がうまくいかず挫折感を感じておられるんですね」のように共感的に返すとよいでしょう。あるいは、話し手の伝えたい重要なことは、さらに失敗する不安だと聴き手が思ったら、「就職活動に挫折感を感じておられて、面接のことを考えると気が重くなるんですね」とか「また不採用になったら、と思うと面接が不安なんですね」などと返すと、話し手の気持ちに沿った応答になります。

Exercises

9　息子が担任からいじめられて不登校になったと憤る母親（39歳）

――強い怒りの口調で話す。

「小学校五年生の息子が不登校なんですけど、腕にアザをつけて学校から帰ってきたんです。『先生から叩かれた』と泣きじゃくっちゃって。学校に電話すると、担任の先生も教頭先生も『担任が叩いた事実はない』の一点張りで、でも以前にも息子が『担任の先生にいじめられた』と泣いて帰ってきたことがあったんです。どう責任を取ってくれるか、という話なんですけどね……先生が叩いたのなら理由を聞かせてほしいし、先生が叩いたのではなくても学校は責任を果たしていないですよね。それで朝になると息子は、『頭が痛い』『お腹が痛い』と言って学校に行けないんです。学校とは話し合いにならないから、ＰＴＡにかけることになったんです。先生は否定するだけで、これでは息子が嘘つき呼ばわりされているのと一緒じゃないですか」

さて、あなたならどう応答しますか。実際に書いてみましょう。

【あなたの応答】

【1】話し手を理解する

❍怒りと不信感がポイント❍

この話し手があなたに伝えたい最も大切なポイントは、担任の先生と学校への怒りと不信感でしょう。そのことを共感的に理解し、必要に応じて言葉にして返すことが一番大切です。

このお母さんの気持ちについての解説は、応答例の説明のなかで詳しく行います。

【2】傾聴の応答例

ここでは、よくある応答例を挙げてその良し悪しを説明します。

あなたの応答はどれに近かったですか。説明を読みながら振り返ってみましょう。

【その1】「お母さんとしては、先生が息子さんを傷つけているようなのに、学校はそれを認めず、しかも息子さんが嘘つきだということになっていて、すごく不信感をもつんですね」

話し手が伝えたいことの要点を、適切に言葉にしている応答です。聴き手が共感的な様子でこのような応答を続ければ、話し手は少しずつ彼女の感情により正直に直面しはじめます。そしてその過程が進むにつれて、息子さんの現況をより客観的にみることができるようになり、感情に振り回されて行動するのではなく、適切に対処することができるようになるでしょう。

また、話し手が何にどう腹が立っているのかを聴き手が具体的かつ共感的に理解し、話し手の腹立ちをひしひしと、ありありと想像しながら応答するなら、「それで腹が立つんですね」のような短い応答だけで理解が伝わることもあるでしょう。ただ、話し手が聴き手に対してまだこころのガードを下ろせていないときは、それだけでは共感的理解は伝わりづらくなります。

傾聴力を高めるためには、聴き手が何をどう理解したかをより具体的に伝える【その1】のような応答ができるよう、練習を繰り返すことが大切です。

【その2】「担任の先生は自分を守ろうとして嘘をついているんでしょうか。本当にひどい先生ですね」

この応答では対話が進展しにくくなるでしょう。なぜなら、こう応答する聴き手は、話し手について二つの点で大切なことが理解できていないために、共感が不正確だからです。

一つめは、この話し手は、担任の先生と学校への不信感と怒りを話したくてたまらない状態であり、「担任の先生が、私の息子を叩いたことを否定するのはなぜだろう」といった、担任の先生の事情や気持ちを理解しようというこころの動きはない、ということです。この応答をする聴き手はそこが理解できていないので、「担任の先生は自分を守ろうとして……」という、先生の立場・気持ちに言及する発言をしています。それによって、聴き手が話し手の気持ちに沿っていないことが明らかになっています。

聴き手が理解していないことの二つめは、話し手は担任に対して、プラスとマイナスの両方の気持ちを同時にもっている、ということです。つまりこのお母さんは、担任にすごく腹を立てていると同時に、「いつも必ず息子を守り、味方してくれる担任であってほしい」との強い欲求ももっているのです。決して百パーセント純粋に、担任に怒っているだけではありません。

ですから、もしこのお母さんが、「この聴き手は息子の担任のことを、ダメ教師だと見なしている」と思うと、担任の悪口を言いふらした罪悪感を感じるかもしれません。またこのお母さんは、息子さんを決して傷つけない理想的な担任を求める気持ちがあるのですが、その切実な気持ちが分かってもらえなかったので、彼女の気持ちをさらに自由に語っていくことが難しくなります。そういうときには、質問をすることもしばしばあるでしょう。「この状況をどうすればいいでしょう。校長先生に話すべきでしょうか」などです。でもそれは、話し手が聴き手から純粋に情報を求める本当の質問ではなく、自分の気持ちをこれ以上話せなくなったために間を埋めるための質問だったり、気持ちを分かってくれない聴き手への不信感の表現だったりする質問です。

ですから、さきほどの【その1】の応答や、もしくは「お母さんとしては担任の先生が息子さんを叩いたり傷つけたりしたんじゃないか、とどうしても不信感をもってしまうんですね」とか、「息子さんが担任の先生から傷つけられているんじゃないかと、とてもご心配なんですね」などの応答であれば、お母さんの「理想的な担任であってほしい」という求める気持ちをないがしろにしない含みがあるので、より適切でしょう。

【その3—①】「息子さんが学校に行かない理由はそれだけですか」
【その3—②】「不登校の原因はご家庭にはありませんか」

子どもの問題で相談に来た親の多くは、学校の先生や子どもの友達など、他人を批判します。その批判には一理あるでしょう。子どもを取り巻くすべての人たちが、子どもに良い影響だけを与える良い人びとであるはずはなく、悪影響を与える人は必ずいるからです。

しかしそれと同時に、親が子どもの問題を他人のせいにする発言の底に、「親である私のせいではない」と信じたい気持ちがあることもしばしばです。本章の「3」で登場した、引きこもりの息子さんをもつお母さんのところで説明したことですが、親は子どもに問題が起きると、「私の育て方が悪かったせいではないか」と不安になり、聴き手に相談するときも「批判されるのではないか」と不安に思うものです。その不安を打ち消したいがために、「いかに学校の先生（などの他人）が悪いか、その先生のせいで私の子どもが問題を起こしているか」を聴き手に説得しようとします。話し手は、自分の状況や見方を分かってほしいのです。

ここで聴き手に大切なことは、話し手の不安と、その不安があまりに強すぎるためにそれを打ち消そうとせざるを得ないおびえを思いやりながら、先生への怒りや不信感を、できるだけありありと、ひしひしと想像して感じながら聴くことです。それができるほど、話し手は「私の気持ちを私の身になって分かってもらえた」と感じ、対話が深まります。そして、先生（などの他人）に対する不信感や怒りをかなりの程度まで語り尽くすことができるにつれ、感情に圧倒されている今の状態から、少しずつ落ち着きを取り戻すでしょう。すると、息子さんを取り巻く状況がより客観的にみえるようになり、息子さんのためにできる最善の対処法が見つかりやすくなります。それが、息子さんの助けになる最良のことでしょう。

ではここで、【その3】の応答に戻りましょう。こう応答する聴き手は、「このお母さんはあまりに感情的すぎる（攻撃的すぎる）」とか、「話し方が一方的すぎる」などと感じたのかもしれません。または、「お母さんは息子さんに対して支配的だ」とか、「過保護だ」という感じを受けたのかもしれません。もしくは、「自分のことを棚に上げて担任の悪口を言っている」と感じたのかもしれません。つまり、「このお母さんは何かおかしい感じがするなあ、何か引っかかるなあ」と感じたのでしょう。

もしそうなら、そう感じたという事実は大切です。その感覚は、お母さんを共感的に理解するために使うと援助的になります。「話し手の言うことはおかしいなあ」という感覚が起きたときには、話し手を正そう、変えよう、とするのではなく、「おかしいと感じるのは、話し手のことを十分に理解していないからだ。もっと話し手の身になって理解しよう」とするのです。それが援助的な態度です。

たとえば、「このお母さんは、息子さんの不登校の原因は自分にあるのではないか、という不安があるけれど、その不安に直面するのが恐ろしすぎるから、担任の悪い点を訴えざるを得ないのかな」とか、「息子さんの不登校について私から責められるのがすごく怖いからこそ、彼女の正しさを主張せざるを得ないのかな」、あるいは「お母さんは本当はとても重い心理的負担にあえいでおられるからこそ、感情的にならざるを得ないのかな」など、聴き手の感覚を使ってお母さんの気持ちをおもんぱかることが大切です。ところが【その3】のように尋問したり、お母さんを変えようとして使ったのでは、お母さんは安心して本音を語れなくなります。

尋問したり変えようとしたりする聴き手だと、話し手は、自分の身になって分かってもらえないことを感じて、自分を守ろうとするでしょう。もしかしたら、聴き手に反論するかもしれません。「いいえ、担任のせいです」のように。または質問するかもしれません。「息子の不登校の理由としてはどんなことがあるでしょうか」。あるいは聴き手に合わせて「あの子は幼稚園のときも登園をぐずりがちだったので、もともと神経質なんでしょう」「私もイライラして息子を追い詰めるところもあります」などの発言をするかもしれません。

でもそれらの発言は、あくまで聴き手に合わせて行っているだけですから、話し手の純粋な変化を促す対話にはなりません。息子さんの不登校の原因が家庭にあったとしても、話し手は「家庭に問題があるんだと正直に語っても、批判されることなく分かってもらえる」とは感じにくいため、対話は深まらないでしょう。

【その4―①】「べつに息子さんが嘘つき呼ばわりされているわけではないと思いますけど……」
【その4―②】「先生には先生の言い分もあると思いますので、もっと先生と話し合ってはいかがですか。コミュニケーションが不足しているように思いますが」
【その4―③】「ご主人はどう言っておられますか。ご主人にも助けてもらってはいかがでしょう」

これらの応答をする聴き手は、【その3】と同じく、話し手を十分に理解することなく、話し手を変えようとしています。これでは対話は深まりにくく、問題解決に近づかないことが多いでしょう。

【その4―①】の応答をすると、話し手は理解されていないことを感じて、いかに自分の見方・感じ方が正しいかについて自己防衛したくなるでしょう。

【その4―②】の応答は、理屈としては正しいかもしれません。しかしそれができるぐらいなら、話し手はすでにそれをして問題を解決しているでしょう。

【その4―③】の応答も、理屈としては正しいかもしれません。しかしひょっとすると話し手は、夫婦関係に重大な問題があるけれど、そのことについて正直に話せるほど聴き手を信頼できていないかもしれません。または、夫婦関係の問題に直面するこころの準備ができていない可能性もあります。それを理解しないでご主人に助けてもらうよう助言しても、そんなことはできないので、これ以上は話したくなくなるでしょう。

話し手への理解と尊重が少ない聴き手は、話し手のことを、「せっかく必要なアドバイスをしたのに、本人がアドバイスを受け入れない」「あの人は本当に状況を良くする気がないんだ」などと、責めることにさえなりかねません。

第3章　傾聴の実際

プロのカウンセラーたちを指導してきた私の経験では、「傾聴が大切だと思っています」と言うカウンセラーでさえ、実際に来談者に会うと、傾聴して理解しようという態度がどこかへふっ飛んでしまうことが多いものです。そこで、本当に聴き手の支えになる傾聴とはどういうことなのかについて、もう一度振り返って学びを深めることにしましょう。

1　とにかく話し手を理解し、その理解を返そうと努めること

傾聴の本質的な態度とは、話し手が何を考え、何を感じ、何を表現しているのかを、できるだけ話し手の身になって、ひしひしと、ありありと想像して理解し、その理解を言葉で返そうと努めることです。これは、話し手が「フラれて悲しいんです」と言おうが、「父に電話して、私に代わって説得してください」と要求しようが、「息子にお金を与えるべきでしょうか」と質問しようが、

沈黙しようが、同じです。私のカウンセラーとしての経験では、これができればできるほど、話し手は徐々にこころを開いて語ることができるようになります。

プロのカウンセラーであっても、たとえば話し手が「フラれて悲しいんです」と言ったときには、この人は悲しいんだなと聴けたとしても、「お父さんが分かってくれないんです。父に電話して、私に代わって説得してください」と求められたら、えっ、どうしよう、電話すべきかな、断るべきかな。断るならどう言って断ろう、と追い詰められたり焦ったりしてしまいがちです。「息子にお金を与えるべきでしょうか」と質問されると、えっ、どう答えればいいの!? とあわてるかもしれません。また、話し手が沈黙したときには、話してくれないどうしよう、と不安になったりします。

こういった話し手の発言に対して、どのように対応すれば理解的になるのでしょう。ここから、一つずつ検討してみましょう。

【1】「父に電話して、私に代わって説得してください」と言う少女

この少女の要求に表現されているのは、父親が彼女の苦しみや気持ちを理解してくれない辛さでしょう。ですから、聴き手は「お父さんが〇〇について分かってくれずあなたに厳しく当たるのが、本当に辛いんですね」のように共感的に返すとよいかもしれません。それでもその少女は、あなたが電話してくれなければ怒るかもしれませんが、そのときには、あなたに甘えたい、助けてほ

しいという切実な気持ちと、あなたがそれに十分に応えてくれない怒りを、彼女の身になって共感的に理解して返すことです。それができれば対話は深まっていきます。

もしあなたが心理カウンセラーであれば、彼女の要求に従ってお父さんを電話で説得することは多分ないでしょう。それによって問題が解決することはないし、かえって問題がこじれたり、その少女を依存的にしてしまいかねないからです。そして彼女がより依存的になれば、「もっとああして、こうして」という要求がエスカレートし、とうとう彼女の求めに応じきれなくなって断り、その結果、彼女はもっと深く傷つくことにさえなりかねません。

ですから、この少女の求めに応じて父親に電話をしないことで彼女が怒り出したとしても、それは心理カウンセラーとしてのあなたの落ち度ではありませんし、彼女に謝る必要もありません。容易に謝ると、話し手はそれ以上怒りづらくなるからです（もちろん、聴き手の落ち度によって話し手を傷つけたときには謝ることが必要ですが）。

また、なぜあなたが彼女のお父さんに電話して説得しないのかについての弁解も説明も、役に立たないでしょう。説明が理屈として正しいと、彼女はあなたにぶつけたい怒りを、それ以上はぶつけづらくなります。理屈の上では納得せざるを得ないからです。

聴き手に必要なのは、謝ったり弁解したり説明したりすることよりも、彼女の辛さ、傷つき、寄る辺なさなどを共感的に理解し、その理解を彼女に言葉にして返し、共有することです。

少女の「お父さんに電話してほしい」という要求は、聴き手であるあなたが本当に彼女の味方なのか、本当に彼女を助ける気持ちがあるかどうか、それがみえない不信感と不安の表現なのかもしれません。つまり、彼女はそう要求することによって、人から優しく支えてほしい、人に甘えたいという激しい欲求と同時に、人を信頼できない苦しみを表現しているのかもしれません。

もしそうなら、「私が本当にあなたの味方なのかが信用できないんでしょうか」とか、「あなたの味方だということを私が行動でみせないと不安になるんでしょうか」と返すと、理解的かもしれません。もしその応答をきっかけにして、彼女が聴き手への不信感を言葉にでき、それを聴き手から共感的に理解されたら、信頼感が育つ対話が深まっていきます。

〔12〕「（中学生の）息子にお金を与えてもいいでしょうか」と言う母親

このお母さんの質問には、何かが間接的に表現されています。いったいそれは何でしょう。もしかしたら、息子さんに豊かな愛情を注げない罪悪感かもしれません。このお母さんは「私は子どもを十分に愛せていない」「過去に十分に愛してこなかった」と感じており、そのことへの罪悪感を減らそうとして、子どもにせめてお金を与えようとしているのかもしれません。そして、その行動が不適切であるということにもうすうす気づいており、その気持ちが、「お金を与えてもいいでしょうか」という質問によって、婉曲に表現されているのかもしれません。

そうであれば、聴き手は「息子さんにもっとお金が必要だとは思うし、でも一方で、お金を与えることは息子さんのためにはならないかもしれない、という疑いも感じておられるんでしょうか」

のように応答するのは、ひとつの方法です。その理解が正しければ、お母さんは気持ちが分かってもらえたことによって、さらに話したくなるでしょう。このように、話し手が正反対の矛盾する二つの思いを表現したときには、その両方を言葉にして返すと効果的です。

あるいは、このお母さんの質問で表現されているのは、「完璧に子育てをしなければならない。失敗したらどうしよう」という怖れかもしれません。そうであれば、聴き手は「お金を与えることが間違った子育てではないか、とご心配なんでしょうか」とか、「お母さんとしては、間違った子育てをしてはいけない、とすごく気になられるのでしょうか」などと共感的に応答するのもひとつの方法です。その理解が正しければ、お母さんは不安が分かってもらえたことによって、彼女の気持ちをさらにつっこんで話したくなるでしょう。

また、お母さんの質問が「完璧に子育てをしないといけない」という不安の表現だったとすれば、その源の不安はどこから来るのでしょう。旦那さんから、ダメな母親だ、と責められる不安でしょうか。または、そのお母さんは息子さんに激しい怒りを抱いていて、それが噴出して息子さんを傷つけてしまいかねない、というひそかなおびえのために、「いつも理性的に感情を抑えて完璧に子育てをしなければいけない」と怖れているのかもしれません。もしくは、お母さん自身が子どものころに親との関係においてたくさん傷ついてきたために、「子どもを絶対に傷つけてはいけない」と強く感じているのかもしれません。

それとも、この家庭では、旦那さんが息子さんにあまりに厳しすぎて、必要なお金さえ渡そうとしないし、愛情を与えようとしないのかもしれません。このお母さんは、息子さんにお金を渡すという行為によって、旦那さんへの不満を表現している、つまり、旦那さんに対して「必要なお金は、このように渡すべきだ」と間接的に自己主張しているのかもしれません。もしそうなら、聴き手は「息子さんに必要なお金を渡すことが、彼のために大事なことだ、と思われるんですね」などと応答するのもひとつの方法です。この理解が正確なら、このお母さんはさらに「そう思うんです。でも夫は息子に厳しくて、必要なお金さえ渡そうとしないんです」など、旦那さんへの不満、怒りをより率直に語りやすくなると思います。

このお母さんの質問が表現していることについては、ここに挙げた以外にも多くの可能性が考えられます。ですから、この質問で何が表現されているのかをできるだけ明らかにすることが、共感的で正確な理解には大切なことです。話し手の質問や発言が何の表現であるかについて見当がつくなら、その理解を言葉にして返すことが、共感的理解を伝える効果的な方法のひとつです。

でも、話し手が何を伝えたくて質問や発言をしたのかが理解できないときも多いでしょう。そういう場合には、できるだけそれを明らかにするような応答を心がけることが大切です。たとえば「息子さんにお金を渡すことがどう気になるのか、教えていただけますか」のような応答です。

2 「間違えた！」と思ったとき

ここまで傾聴の練習を進めてきました。初心者の方々の学びをサポートしてきた私の経験では、学び手はしばしば「正しく返せているかな」「間違っていないかな」と心配するものです。技法を練習する以上、そのように心配するのが普通でしょう。

しかし、そのような心配は傾聴を妨げます。自分の発言をいちいち自分でチェックして評価していたのでは、話し手に集中できませんし、リラックスして聴けません。

最も大切なことは、話し手の気持ちをできるだけその人の身になって理解することです。傾聴の専門家になるには、話し手が表現していることを、短く分かりやすく言葉にして返す技術を繰り返し練習して向上させることが必要ですが、理解することの大切さに較べると、「何を言うか」は決して本質的に重要なことではありません。

聴き手がいつも完璧に理解して上手に言葉にして返せるはずはないし、その必要もありません。理解が足りなかったり正しくなかったりすれば、話し手が訂正したり、理解の足りないところを埋めてくれたりします。それを聴いて、あなたの理解をより細やかで正確なものへと深めていくことによって対話が深まります。傾聴とはそうして進んでいく過程です。

傾聴によって理解が進む対話の一例を挙げてみましょう。

聴き手「他人からどう思われるかが気になるんですね」
話し手「うん……他人からというより、上司からどう思われるかが気になります」
聴き手「特に上司の目が気になるんですか」
話し手「上司から、仕事の遅いやつだとか、知識のないやつだ、と思われないかと心配になるんです」
聴き手「上司から低く評価されるんじゃないかと怖い、ということですか」
話し手「そうです、そうなんです」

「正しく聴こう」とか「上手に返そう」という意識は、話し手の世界に共感的・理解的に浸ることを妨げます。そうではなく、「話し手が何を感じ、考え、表現しているのかを、あたかも話し手であるかのようにできるだけひしひしと、ありありと、生き生きと想像して理解しよう」として聴くようにこころがけましょう。こうした対話のやり取りを重ねることによって、話し手をより正確に、より深く、より細やかに理解していきます。

3 傾聴による対話の実際

ここまで、話し手の気持ちをどう理解するかを学ぶとともに、話し手の語りに対する最初の応答を練習してきました。次に、傾聴的な対話がどのように進んでいくのかを学ぶために、プロ・カウンセラーによる対話の実例をみてみましょう。

【1】対話の実例

以下は、ある男性カウンセラーと、非行少年と呼ばれた中学二年生の男の子との間で実際に交わされた、十八分間ほどの対話の逐語記録です[1]。少年は小学校五年生から窃盗が始まり、このカウンセリングが行われるまでには、恐喝、暴力、器物破損、女性の下着を盗むなどの犯罪行為を起こしていました。そして、学校の先生から無理やりカウンセラーのところに連れて来られました。

（少年は、担任の先生に促されて部屋に入り、椅子に座る）

聴き手1　どういうことなんでしょう、ちょっと担任の先生から聞いたんですけど、君の気持ちといったようなものを、話してもらえたら、と思うんですけどね。

話し手1　担任がね、とにかくカウンセラーの先生がこの部屋にいて、お前と話をするように頼

（1）この逐語記録は、船岡三郎氏（大阪府立大学名誉教授・元京都女子大学教授）が、「教師のための人間の『こころ』の科学（四訂版）」に、来談者の許可を得て載せているものです。その逐語記録の本書への転載をご許可くださった船岡先生に篤くお礼申し上げます。なお本書では、読みやすくなるように、原文を意味が変わらない範囲ですこし書き直した部分があります。

んであるから行け、と言われて来ただけですけど。何ですか、この部屋は。

聴き手2　担任の先生が私の所へ来いと、そういうことで来たので、この部屋に入って、気に食わない、という気持ちがちょっとするわけなんでしょうか。

話し手2　べつに、気に食わないということはありませんけどね……。（五秒沈黙）

聴き手3　なんか、来たのがわけが分からない、というふうなお気持ちですか。

話し手3　このまえ、捕まりましたからね。こういう所へ来るのもね、僕が悪いと思ってますよ、そりゃもちろんね。〈聴き手：はい、はい〉

聴き手4　君としては、悪いという気持ちで反省しているにもかかわらず、こういう所へ来い、私に会え、と言われる。そこでちょっと、こころの引っかかりを感じるわけなんですね。

話し手4　ええ、担任がね。やっぱり、こんなことはあっちこっちの人たちには知られたくないですよ。〈聴き手：ふん、ふん〉（聴き手に向かって）先生もそうでしょう。それで担任が、あの部屋に行って話してこい、と。〈聴き手：ふん、ふん〉先生は僕のことを知っていますか。

聴き手5　うん、ちょっと担任の先生から聞きました。あなたとしては、悪いことをしたから隠しておきたい、そんな気持ちなのに、担任の先生が、私の所へ来て蒸し返してこい、と、そのように君としては感じているわけですね。

話し手5　なんで、こんな所へ、僕が来ないといけないんだろ〈聴き手：ふん、ふん〉まあ、悪いことをしたんだから、仕方ないから、どこへでも行きますけどね〈聴き手：ふん、ふん〉やっぱり、出る所には出ないといけないと思うから来ただけで〈聴き手：ふん、ふん〉……。（五秒沈黙）

話し手6　まあ、ずいぶん嫌なんですよ。学校でもね、警察でもね、ずいぶんやられましたからね。

聴き手6　君としては、学校でも、何か、毎日が嫌な思いだし、警察でも嫌な思いだし、生活が嫌だというような感じでしょうか。

話し手7　悪いことは、謝りますけどね、だからもうそれでいいはずだと思いますけど。なんか知らないけど、あっちこっちの人がね、親切そうな顔して言いやがるから、許してくれるのかと思ったら、また担任に言ってね〈聴き手：ふん、ふん〉そして担任が、またゴテゴテ言うしね〈聴き手：ふん、ふん〉これほど謝ってるのに、また、こんな所にまで引っぱられてね、これで嫌にならないほうが不思議。僕だけじゃないと思いますけどね。（六秒沈黙）

聴き手7　これでもか、これでもか、というような、本当に反省しているのに、という感じがするんですね。そんなふうに、周囲からし向けられているような、そんな感じなんでしょうか。

話し手8　なんか、人に顔を見られたくない……（十秒沈黙）……なんか、腹立ってしょうがない……（十秒沈黙）……また、けんかしてしまうかもしれませんけどね。（七秒沈黙）

聴き手8　あっちこっちに持ち回れることが、嫌で嫌でしょうがない。で、あなた自身としては、本当に悪かった、と思っているのに、そういうふうに引っかき回されると、腹が立ってくる。そして、また同じことを、ひょっとしたら、繰り返すかもしれない、というようなお気持ちでしょうか。

話し手9　なんか、自分でも先のことが、分かりませんねえ。しかし、なんかあったら、もうあんなことはしませんけどね。（八秒沈黙）

聴き手9　（沈黙）

話し手10　また、けんかは、多分やるだろう、と思いますけどね〈聴き手：ふん、ふん〉……。（八秒沈黙）

聴き手10　（沈黙）

話し手11　やっぱり、僕ら、あと一カ月で十四歳になるんですけどね、そうなったら、鑑別所行きですか〈聴き手：ふん、ふん〉警察ではね、「お前らはまだ十四歳になってないからかまわないけど、あと一カ月したら十四歳を越すんだから、鑑別所行きだぞ」と言われましたからね。僕のしたことを先生が知っているなら、やっぱり鑑別所行きですか。

聴き手11　警察で、なんか、こう、鑑別所に送ってやるぞ、と言わんばかりの脅し、そういうふうなことが、非常に、こう。

話し手12　「当たり前ならぶちこんでやるのに、お前はまだ十四になってないから無理だ」と言いやがったんです。

聴き手12　ふん、ふん、非常に、そんな言い方、警察のやり方が、しゃくに障わったんですね。

話し手13　しかし、僕の友達で少年院に行ったヤツもいますからね、悪いことしたんなら、やっぱり、鑑別所に行ってしまうかもしれませんね。やっぱり、十四を越したら、入るのは嫌ですからね。悪いことは分かってるから、やめますけどね。しませんけどね。で、また、けんかをしたら、警察は僕に目をつけていますからね。（二十秒沈黙）

聴き手13　（沈黙）

話し手14　こんなことは、担任の先生に言いますか。僕が、ここでしゃべったこと。

聴き手14　ここでしゃべったことは、誰にも言わないということになっているんですけど、なんか、それでいいでしょうか。絶対の秘密になっているんですけどね……なんか、そういうことが信用できない、という感じももつんでしょうか。

話し手15　「誰にも言わないから何でも言ってみろ」と言われたから話したらね、警察はすぐ学校に言うしね。担任がね、このあいだね、部室でまんじゅうを食わせてくれてね、そのとき、担任は、「誰にも言わない」とは僕には言いませんでしたけどね、でも、もうカウンセラーの先生のところに筒抜けです。もう、ここまでされたら、悪いことを隠しても仕方ないですからね。だけど、もう、あちらこちらでしゃべらされるのは勘弁してほしいような気持ち、もうここで最後にしてほしいですよ。

聴き手15　今まで、誰に言わないから、とだまされてきて、まあ、この部屋まで伝わってきた。それだけでもしゃくに障るのに、あなたの気持ちとしたら、この部屋から外へ漏れていくことがあったら、やりきれない、と、そういう気持ちですか。

話し手16　担任が家に黙っていてくれたらね〈聴き手：ふん、ふん〉家へこんなに言うことはないと思うんですけどね、それで辛いですけどね。

聴き手16　悪いことをした、と反省しているんだから、そっとしておいてくれたら立ち上がれそうな、そんな気持ちをもっていたけど、こんなにあちこちから言われると、あなたにとって、いっそう辛いような、嫌なような、反抗したくなるような、そんなお気持ちなんですね。

話し手17　まだ、この部屋がどんなことをする所か、なぜ僕が来るのを先生が待っていたのか、分かりませんけどね。

聴き手17　なぜ、こうして話をしているのか、理由がつかめない、というわけですね。

話し手18　僕はね、自分の気持ちをいくら話しても、誰も分かってくれないと思いますね。だから誰かに分かってもらおうとも思いませんけどね。僕は僕でやって行きますからね。

聴き手18　そっとしておいてほしい、というようなお気持ちでしょうか。

話し手19　もう、僕を忘れてほしいですね。みんながね……（五秒沈黙）……でも忘れてくれませんね。警察は、ちゃんと記録をつけてるしね。家の者も知ってるし。（十秒沈黙）

聴き手19　（沈黙）

話し手20　はっきり、腹が立ったら殴ってくれたらいいんですけどね。それで済むんですけどね。そんなら、さらっとしてしまえるんですけどね。

聴き手20　さっと済んでしまえば気が楽なんだけど、なんだか、いつまでもネチネチと、引っかき回され、引きずり回されているような、それが嫌な感じなんですね。

今日は時間が来たので、私としては来週にもまた話し合いたいと、こころから思うんですが、気が向いたら、また来週来てください。

話し手21　この部屋でなければいけませんか。

聴き手21　この部屋よりも、ほかの所のほうが話しやすい、この部屋では話がしずらいような気がするんでしょうか。

話し手22　ええ、ここに入るのはね、あそこは一番悪いことをした奴が行く所だと、僕らは言ってますよ、ちょっと、かなわないです〈聴き手：ふん、ふん〉気が向いたら先生の下宿へ行くかもしれませんけどね。ちょっと、この部屋は今のところ嫌ですね。この前は、あるヤツが僕のことを「あいつ、二回も引っ張られてあの部屋に行ったぞ」〈聴き手：ふん、ふん〉みんな、そう言ってましたけど。また、そのうちに来るかもしれませんけど。

聴き手22　では、どうもご苦労さまでした。

【2】対話についての解説

◯少年の激しい敵意と不信感◯

この少年は、カウンセラーに対する激しい敵意と反発心をもっていました。彼の最初の、「何ですか、この部屋は」という発言は、部屋の目的や名称について尋ねる純粋な質問ではなく、カウンセラーへの不信感、敵意を間接的に表現したものです。ですから彼の発言を質問であると捉えて、「ここはカウンセリング室といって、生徒が悩みなど何でも話ができる場所です」などと解説をしても仕方がありません。しかし聴き手は、「担任の先生が私の所へ来いと、そういうことで来たので、この部屋に入って、気に食わない、という気持ちがちょっとするわけなんでしょうか」と、少年が（質問と態度によって）表現していた聴き手への不信感・敵意を理解して返しています。

聴き手は、少年のことを理解しようという態度で、穏やかに座っていたはずです。ところが、少年はその聴き手に対して、激しい敵意と不信感を感じています。それは、先生たちや警察に対する敵意と不信感が聴き手に向いたものでしょう。しかし、そもそもなぜこの少年は、先生たちや警察に激しい感情をもたねばならなかったのでしょう。

私のカウンセラーとしての経験では、この少年のように、周囲に激しい敵意や不信感などを感じざるを得ない人たちは、親（または親に代わる養育者）に対して激しい憎しみと不信感をもっているものです。穏やかに座っている聴き手に対しても激しい感情を抱かざるを得ない彼は、かなり悲劇的な親子関係のなかで育ったはずです。彼は、周囲の人たちに敵意と不信感を感じてしまうので、信頼と愛情に満ちた人間関係をもつことはできないでしょう。聴き手は、少年の激しい敵意と不信感を感じた時点で、彼のその孤独と苦悩に思いを馳せることが大切だと思います。

❍少年の人の関心を求める気持ち❍

少年は、「この部屋に入って、気に食わない、という気持ちがちょっとするわけなんでしょうか」（聴き手2）という質問に対して、「べつに、気に食わないということはありませんけどね」（話し手2）と述べています。彼は、聴き手に対する敵意と不信感を正直には語れませんでした。それは、彼が聴き手に敵意をもっていると同時に、恐怖もあるし、聴き手から好かれたい、という聴き手の愛情を求める気持ちもあったからでしょう。

子どもは親の愛情をとても強く求めていますから、それが十分に得られないときには怒りを感じるし、また、親の愛情を失う可能性をひどく恐れるようになります。幼児が親に抱くその愛憎と恐れの気持ちを、少年は聴き手に向けているのです。

聴き手がある程度まで共感的、理解的に聴いているので、少年の敵意と不信感がゆるみます。そして、強い仮面をかぶってつっぱってきた彼の、本当はみんなから好かれたいという本音が、「こんなことはあっちこっちの人たちには知られたくないですよ」（話し手4）と、自発的に語られます。

しかし、もしも少年の「何ですか、この部屋は」という先の発言に対して、「この部屋は悩みごとなどを自由に話す部屋です」などのように理屈で答えていたとしたら、少年は自分の敵意・不信感が理解されていないことが分かるので、このようにこころを開くことは、できなかったかもしれません。いっそう、こころを固く閉じて、「悩みごとを話す部屋だと言われても、悩みなんかありませんよ」と言ったり、「話なんかしても何の役に立つんですか」などと、質問を重ねたりしたでしょう。

しかし少年には、この聴き手は今までの先生たちや警察とは違って理解的な人だという現実が、少しみえてきました。すると、「僕の気持ちを分かってほしい、僕の味方になってほしい」という気持ちが動きました。それが、「先生も、そうでしょう」（話し手4）という発言の真意でしょう。

すると、少年のこころには「この人は今までの先生たちとはずいぶん違って理解的だけど、それは、ひょっとしたら僕がどれだけ悪いことをしてきたのかを知らないからかもしれない」という思いが湧きました。それが、「先生は僕のことを知っていますか」（話し手4）という質問になって表現されています。聴き手はこの質問に対して、「うん、ちょっと担任の先生から聞きました」（聴き手5）と答えています。話し手の気持ちにもっと沿うには、たとえば「もしも私があなたのことを知っていたら、きっとあなたを叱りつけたりするんじゃないかと思うんでしょうか」のような応答のほうがよかったと思います。しかしそれでも、聴き手は少年の不安を理解していますので、少年はさらにこころを開きます。

❍わけの分からない怒りと異常感、そして絶望感❍

少年は、聴き手に対する気持ちが理解されたので、話を深めていきます。彼は、聴き手への敵意と不信感の元である、先生と警察に対する怒りと不信感について語ります。「ずいぶん嫌なんですよ。学校でもね、警察でもね、ずいぶんやられましたからね」（話し手6）、「担任が、またゴテゴテ言うしね」（話し手7）など、先生と警察への怒りをより正直に語っています。それらも共感的に聴いてもらえたので、対話がどんどん深まり、少年は次に、とても重要なことを語ります。

それは、「なんか、人に顔を見られたくない……なんか、腹立ってしょうがない……」（話し手8）という語りです。少年は「先生が悪いから、警察が悪いから、腹が立つんだ」と信じていました。ところが彼はその怒りをある程度表現できると、先生と警察への怒りの底にある、わけの分からない激しい憎悪と、そんな憎悪をもっていることの異常感を感じはじめたのです。彼は、いつも底にあるその憎悪を、周りの人たちにぶちまけていたのです。そのことの表現が、「また、けんかは、多分やるだろう、と思いますけどね」（話し手10）という発言です。

少年はその憎悪も聴き手から理解され受け入れられたので、さらに彼の奥にある気持ちを語ります。それは、わけの分からない異常な憎悪がもたらす絶望感です。そのことの表現が「（十四歳になれば）鑑別所行きですか」（話し手11）という質問です。少年にとって鑑別所に行くということは、将来への絶望を意味することだったのでしょう。彼が伝えているのは、「僕のなかにどうしようもなく強烈な憎しみがある。なぜこんな異常な感情があるのかわけが分からない。僕はこんなに異常な憎悪を内面に抱えていて、これでは将来は絶望的だ」ということだったと思います。

しかし聴き手は、少年の絶望感を理解していません。聴き手は、少年が鑑別所について語るのは、警察への怒りと不信感を表現しているのだと理解しました。そこで、「警察のやり方が、しゃくにさわったんですね」（聴き手12）といった応答をします。少年は、自分の深い絶望感を分かってもらえないので、これ以上は辛すぎて語れなくなりました。そこで、「担任の先生に言いますか。僕が、ここでしゃべったこと」（話し手14）という質問をしています。聴き手が彼の気持ちを分かってくれないので、不信感がもたげてきたのです。

聴き手は、少年の絶望感は理解していませんでしたが、この質問が彼に対する不信感であることは分かりました。そこで、「（聴き手が守秘義務を守るということが）信用できない、という感じももつんでしょうか」（聴き手14）と適切に応答しています。聴き手のこの理解によって、聴き手への不信感が分かってもらえたら、その源である先生・警察への不信感が語られる、という先ほどの過程が再び繰り返されます。「警察はすぐ学校に言うしね」（話し手15）などがその表現です。

❍親の愛情を求める気持ち❍

少年は、先生と警察への不信感、そして聴き手への不信感についても、理解され受け入れられました（聴き手15を参照）。そのため対話がさらに深まり、少年は再び重要なことを語ります。それは「担任が家に黙っていてくれたらね。家へこんなに言うことはないと思うんですけどね、それで辛いですけどね」（話し手16）という発言です。

少年にとって、親から悪い子どもだと扱われて愛情をもらえない、認めてもらえないことが、一番辛いことだったでしょう。彼はその苦悩を感じはじめ、語りました。ところが聴き手は彼のその重要な気持ちも理解できていませんでした。そのため、「立ち上がれそうな気持ちをもっていたけど、こんなにあちこちから言われると、反抗したくなる」（聴き手16）という、的の外れた応答になりました。より彼の気持ちに沿った応答は、「先生が親御さんに悪いことを言うので、辛いんですね」のような応答でしょう。

少年は、彼の重要なこころの痛みを分かってもらえないので、正直な気持ちを吟味して語ることはできなくなりました。そこで「まだ、この部屋がどんなことをする所か、なぜ僕が来るのを先生が待っていたのか、分かりませんけどね」（話し手17）という、聴き手への不信感の発言になります。

❍聴き手の理解と無理解❍

しかし聴き手は、少年のその不信感を正しく理解しました。「なぜ、こうして話をしているのか、理由がつかめない、というわけですね」（聴き手17）という応答は、共感的な様子で伝えられたはずです。そこで少年は、誰にも理解してもらえない孤独感が語れるようになります。「自分の気持ちをいくら話しても、誰も分かってくれないと思いますね」（話し手18）。しかし、湧き上がったその孤独感はあまりに辛すぎるので、「誰かに分かってもらおうとも思いませんけどね。僕は僕でやって行きますからね」（同）という、孤独感をごまかして感じなくしようとする発言になります。

少年は、本当の気持ちがあまりに辛すぎるので、気持ちを偽って生きざるを得ないのです。聴き手は少年のそのあまりの辛さを理解するとともに、彼のあり方を尊重しています。つまり、「そうは言うけど、あなたは本当はみんなから理解してもらいたいんじゃないですか」などとは言わず、感情を感じることが辛すぎる彼のあり方をそのまま尊重しています。「そっとしておいてほしい、というようなお気持ちでしょうか」（聴き手18）はその尊重的な態度の表れです。そして、その無条件の尊重による安全さが、少年の「警察は、ちゃんと記録をつけてるしね。家の者も知ってるし」（話し手19）という発言につながります。彼のこころに、過去の行いを警察も親も許してくれず、悪者扱いされて認めてもらえない辛さが湧き上がり、それが正直に語られました。無理して強がる気持ちが理解され受け入れられたので、さびしさと悲しさを素直に感じて語ることができるようになったのです。

この辺りで終了時刻が来ました。そのとき少年のこころには再び、「本当はみんなから好かれたい」という気持ちが湧き起こりました。そのことは彼の、この部屋に来ると他の生徒たちから陰口を言われる、という不安から理解できます。

少年はまた、「気が向いたら先生の下宿へ行くかもしれませんけどね」（話し手22）と語っています。これは少年の、聴き手の愛情を激しく求める強烈な愛情飢餓感が表現された発言です。現実には聴き手は一軒家に住み、結婚し、子どももいました。しかし少年のなかには、もしも聴き手に妻や子どもがいれば、彼のことを一番大切には思ってくれない、それでは耐えられない、ということろの動きがあったのです。ですから少年は、聴き手のことを下宿住まいの一人暮らしだと信じて疑わなかったのです。暴力や恐喝行為を繰り返すこの少年は、本当はものすごく孤独で愛情を求めてやまない、あまりに激しい愛情飢餓感に苦しんでいたのです。

❍話し手にとって聴き手は重要な意味をもつ存在❍

この対話を検討すると、聴き手の理解と無理解が、話し手との対話を深めたり妨げたりすることが分かると思います。大切なことは、話し手の表現していることを聴き手ができるだけ正確にひしひしと、ありありと理解してそれを返すことです。それによって対話が深まります。

この少年は翌週も同じ部屋にやって来ました。そして彼と聴き手はのちに、聴き手のカウンセリング・オフィスに場所を移してカウンセリングを始めます。少年の問題行動は止まり、成績は驚異的に伸び、彼は大学に進学しました。そしてのちに大手企業に就職しました。

悩み苦しむ話し手が、「自分のことを自分の身になって分かってくれた、尊重してくれた」と感じるとき、「人間を信頼してもいいんだ」と感じはじめます。その意味で、話し手のこころのなかでは、聴き手はすべての人間を代表する存在なのです。そして「人間を信頼してもいいんだ」と分かるというのは、「自分自身を信頼してもいいんだ」と分かることです。

悩み苦しむ人を支える専門家は、たとえ無償のボランティアであったとしても、それくらい大きな責任のある仕事をしているのです。では、その大きな責任をもつ専門家を目指す読者の方のために、次の章では、どのようなトレーニングが傾聴能力の向上に役立つのかをお伝えします。

第4章　傾聴力をつけるために

傾聴によって人を支える能力を高めるために効果的なトレーニング方法と、役に立たない方法があります。まず、そのことに関連する私の経験からお話しします。

1　傾聴力がつく学び方、つかない学び方

【1】私の個人的な経験から

私は、「良いカウンセラーになりたい」と思ってずいぶん努力しました。世の中にプロのカウンセラーはたくさんいますが、私よりも努力したカウンセラーを見つけるのはきっと難しいと思います。それぐらいに、本当に、相当がんばりました。でも今になって振り返ると、努力の仕方が下手でした。だから、努力のわりにカウンセラーとしての能力は上がりませんでした。

私は以前は米国に住んでいましたが、日本に移り住んで最初のカウンセリングの仕事は、心療内

科医院でした。お医者さんが、カウンセリングの必要な患者さんを私のところに紹介します。カウンセリングの効果を充分にあげるためには、どうしても何度も通ってもらう必要があります。ところが患者さんたちは、私のカウンセリングに一度来ると、「もういいです。自分でやってみます」と言ったり、数回だけ来て良くなってもいないのに来なくなったり、そんな繰り返しでした。患者さんたちの役に立っていないことは明らかでした。

私は自分がものすごく無能力で、無力に感じました。そのうちお医者さんも、私のカウンセリングが効かないことが分かってきたのでしょう、患者さんを紹介してくれなくなりました。

私にはとても辛い経験でした。「これだけ努力したら、普通の人ならずっと良いカウンセリングができるだろう。ぼくは、良いカウンセラーになりたい、とものすごくがんばってきたのに、これほどまで努力をしてきたのに、この程度のカウンセリングしかできない。ぼくはよっぽど才能がないんだ。もうカウンセリングはやめるべきかもしれない」と思いました。医院からの夜道、泣きたい気持ちでした。照明の乏しい暗い道をとぼとぼ帰ったことを思い出します。

いま、私は開業のカウンセリング・オフィスでカウンセラーをしています。あの心療内科医院のころと違って、お医者さんから患者さんを紹介してもらうシステムをもっているわけではないし、特に宣伝もしていません。でも予約はいつもいっぱいで、さらに私が受けられる時間のゆとりを大きく超える数のカウンセリング申し込みをいただいています。

【2】私のカウンセリング力を急激に上げたトレーニング法

心療内科医院での仕事が続かなかった状態から、予約が追いつかなくなるほどのカウンセリング力がつくまで、長い期間が必要だったわけではありません。私のトレーニング方法が変わったのです。その経験を踏まえて、カウンセラーなど傾聴の専門家を志すあなたのために、効果的な傾聴能力のトレーニング法をお伝えします。

次項ではまず、人の役に立つ傾聴の専門家になるために、最も根本的で大切なことをお話しします。それは意識のありようです。

それを踏まえたうえで、効果的なトレーニング方法として三つことが挙げられます。①傾聴技術の指導を受けること、②個人スーパービジョンを受けること、③自分がカウンセリングを受けること、です。それらについて詳しくお話しします。

【3】人の役に立つ援助者になるために最も大切なこと

意識からすべてが始まります。意識の大切さは強調してし過ぎることはありません。必要なことは、**人の役に立つ有能な援助者になる、と強くはっきりと決意する**ことです。その決意表明の仕方については、あなたにとってよりぴったり感じられる表現があると思います。たとえば、「一流のカウンセラーになる!」「子どもたちの気持ちをとても理解できるすばらしい教師になる!」「ものすごく優秀な〇〇になる！」など。言い方はともかく〝優秀な援助者になる〟という決意をしっかりともち、宣言することが必要です。なにごとも、道を成した人、一流の人たちは、人生のどこかでこのような、「一流になる」「優秀になる」という決意をしていると思います。

決意をしたうえで、**優秀になるために役立つ行動を選択し続ける**ことです。カウンセラーの世界では、優秀な人とそうでない人の行動面での違いは、そこにあるように思います。優秀な人は、力をつける選択を繰り返します。しかしそうでない人は、力がつかない選択を繰り返しながら、なぜ自分には力をつける選択ができないのかについて、もっともな理由を見つけます。お金がない、時間がない、良い先生がいない、家族が非協力的だ、など。

なぜ優秀になるための行動が自分には選択できないのか、という理由を優先するのではなく、優秀なカウンセラーになるという決意を優先させる行動を選ぶとき、道が拓けます。「これをすることが能力を伸ばすことに役立つかどうか」を行動選択の基準にする、ということです。

意識のありようについてもう一つ大切なことがあります。それは、自分の長所、伸びつつある部分、成功の実績など、能力を伸ばすために役立つことを自分ではっきりと認め、それらに意識を向けることです。そのうえで、さらに向上と成長につながる行動を繰り返し貪欲に選び続けることです。

自分がいかに能力が低いか、経験がないか、いかに才能に恵まれないか、などに意識の焦点を当てることによって能力が輝き出すことはありません。私たちの意識には現実をつくる力があります。焦点を当てたことが拡大します。

ですから、傾聴者としての自分の長所、強み、上達しつつあることに焦点を当てることが、とても大切です。どんなに小さなことやささいなことでもかまいません。

たとえば、誰かがあなたに少し心を開いて自分のことを話したとか、誰かに相談をされたりしたら、それは他人があなたを信頼できる聴き手だと見なしたということです。あなたの大切な長所です。または、人とおしゃべりをしていて少しでも理解的に聴けたら、大切な成功体験です。この本を見つけ出してここまで読み進めていることも、プラスの事柄でしょう。

あなたの力を伸ばすそれらの事柄に焦点を当て、このあとにお話しする効果的なトレーニングと成長の機会を貪欲につかんで、前向きにひたむきに努力を続けることが、上達の道です。

では次から、効果的なトレーニング法を三つお伝えします。この三つを積極的に行うことが、力をつける選択です。

【4】カウンセリング技術を繰り返し練習し、指導を受けること

❍傾聴の実践練習❍

本書で傾聴トレーニングの基礎練習ができます。次のステップとして、練習相手を見つけて繰り返し練習することが大切です。交互に話し手役と聴き手役になって対話をします。対話の練習に慣れるまでは、次のように段階を踏んで練習してもよいでしょう。

【その1】まず、話し手は、一行か二行ぐらいの短い文章で何かを話します。たとえば「今日は家を出たときはどしゃ降りの雨だったので、駅までが大変でした！ 傘はさしていたのに、上着もズボンも濡れてしまいました」のように。話の内容は実際にあったことでもいいし、作り話でもかまいません。聴き手はそれを受けて、「どしゃ降りのなか、大変な思いをしてこちらへ来られたんですね」のように、話し手が一番伝えたい内容を返します。そして話し手は、聴き手の理解が正しいかどうかを教えてあげます。「そうです、私が言いたかったのはそういうことです」。または「いいえ、一番言いたかったのは○□△ということです」。

【その2】次に、話し手はもう少し長く二、三分ほど何かについて話をします。話し終わったら、聴き手は、話し手が要するに何を言いたいのか、その要点を対話調の言葉で返します。話し手はその理解が正しいかどうかを教えます。

傾聴に慣れてくれば、時間を区切って、話し手役・聴き手役に分かれて対話の練習をします。初めは五〜十分間ぐらいが適切でしょう。

話し手役は、自分のことを話すのは抵抗があるかもしれません。ですから私が傾聴練習でよく使うのは、話し手が「犬」か「バラ」になったつもりで話をするという方法です。「ぼくは○×に飼われている雑種の犬です。うちの飼い主はぼくをかわいがってくれるんだけど、ときどきご飯をくれるのを忘れるんです」などのように、自由に話していきます。こうすると意外に話しやすいものです。また、「クラブの人間関係で悩む女子高生」「うつで朝起きられないサラリーマン」など架空の設定をして、あとは話し手がその来談者役を演じて自由に話してもよいでしょう。さらに慣れてくれば、話し手は本当の自分のことを話すと、対話練習に本格的な真剣さが加わります。そのようにして練習セッションをしたあと、お互いに感想を話し合います。

❍実践練習を効果的にするための留意点❍

対話練習の留意点をいくつか挙げます。

この対話練習は聴き手のための練習です。ですから話し手役の人は、「上手に話し手役ができているかどうか、上手に話せているかどうか」を気にする必要はありません。また、悩みごとや困っていることについて話す必要はなく、差し障りのない事柄でもまったくかまいません。何を話してもいいし、話したくなければ沈黙すればいいのです。話す内容が見つからなければ、「私は話し手役だから何かしゃべらないといけないんだけど、何もしゃべる内容が見つからないから困る」ということを話してもかまいません。

また、話し手役をするときは、自分が言いたいことや分かってほしいことを、聴き手の人に分かってもらうことを期待してはいけません。お互いに練習中の身ですから、分かってもらえなくて当たり前です。話し手役をするときは、分かってもらえなくても傷つかないような話題を選んで話しましょう。

対話練習は録音することをお奨めします。練習のあと、話し手役と聴き手役が一緒に録音を聞き直すと有益です。そして話し手役の人は、「ここでこう言われたとき、こんな気持ちがした」「このことが分かってくれたので話しやすかった」「このところは大切なので理解してほしかったけど、分かってもらえていない感じがした」など、対話のなかで起きてきた気持ちや考えを教えてあげましょう。また、聴き手の相づちや、「そうですか」「なるほど」などの短い言葉についても、共感的で理解的な態度を伝えることに役立つものだったか、かえって語りの邪魔にならなかったか、なども教えてあげましょう。

また、聴き手役の人は、「あなたが言いたかったことはこういうことだと思って聴いていたんだけど、正しいですか」「このときにこう言おうかと思ったのにこんな理由でやめたんだけど、言ったほうが良かったですか」など、話し手の人から教えてもらってください。

聴き手役の練習において大切なことは、「何を言うか、言わないか」ということよりも、「話し手が何を考え、何を感じ、何を表現しているかを、できるだけ話し手の身になってひしひしと、ありありと想像し理解すること」です。言葉にこだわりすぎることなく、話し手をどれくらい深く、広く、正確に理解できていたかについて振り返ることをこころがけましょう。

この対話練習は、傾聴技術の高い専門家に指導してもらうことが必要です。ときどきでかまいませんので、専門家からアドバイスをもらいながら練習しましょう。優秀な専門家はたくさんいます。探せばかならず見つかります。

私自身がトレーニングを受けているときには、そのような傾聴トレーニングの場を求めては、自分から積極的に手を挙げて聴き手役の練習をしました。学生のときはもちろんのこと、心理学の博士号をいただいたあとでさえ、そうでした。しかし、対話練習を何度も繰り返しても話し手役の人からは、「話しづらかった」「よく聴いてもらえたとは感じなかった」「なんかよく分からない。ピンと来なかった」「同じ話題がぐるぐる廻ってた」など、良くない感想しか返ってきませんでした、トレーニングの先生からはできていないことを指摘されることの連続でした。でも、そうして参加者たちの前で何度も何度も恥をかきながら練習を繰り返すうちに、だんだん話が聴けるようになりました。

〔5〕個人スーパービジョンを受けること

個人スーパービジョンとは、自分が誰かを傾聴した実際の経験について、専門家と話し合いながら振り返り、必要に応じてアドバイスをもらう個人指導のことです。カウンセリング（心理療法）であれば、次のようなことを報告しながら、一緒にセッションを振り返ります。①来談者が話したこと、②カウンセラーが話したこと、③来談者との交流のなかでカウンセラーにどんな気持ちが動いたか、どんな考えが湧いたか、④気づいたこと、気になったこと、などです。

一緒に振り返るなかで、自分には見えていなかった点や気づかなかった点に気づいたり、それらを指摘してもらったり、異なる見方を教えてもらったりします。

優秀なカウンセラーから個人スーパービジョンを定期的に継続して受けることは、カウンセラーとしての成長に欠かせない、最も効果的な方法だと思います。

カウンセリングやこころの援助についての講演やシンポジウムなどが、盛んに開かれています。それらに出席して話を聞くのは良いことだと思います。しかし、傾聴の専門家になるにはそれだけでは足りません。実際に練習をして技術指導を受け、さらに誰かを傾聴した経験について個人スーパービジョンを受けることが、どうしても必要です。料理でいえば、個別に技術指導を受けたりスーパービジョンを受けたりすることは、メインディッシュにあたります。それがあってこそまともな食事になります。講演や勉強会で先生の話を聞くのは、漬物やサラダなどの副菜に当たるでしょう。

また、専門家としての力をつけるためには、多くの先生たちから少しずつ学んでもダメです。力のある先生を一人見つけて、とにかくその先生のやり方、考え方を真似ることが上達の道です。我流と個性は違います。自分のやり方にこだわるのではなく、力のある先生を見つけて、とにかくその先生のやり方を体得しましょう。

【6】自分がカウンセリング（心理療法）を受けること

❍再び、私の経験から❍

第1章の「聴き手が自分自身に素直で開かれていること」（七頁）でお話ししたことですが、私は心理療法を受けていて、自分のこころの奥深くにあった「有能なプロでなければ自分はこの世に存在する価値が低い」という信念を、ひしひしと感じたことがありました。そんな信念が自分のなかにあったことに、それまで気がついていませんでした。その信念をもっていたのは、私のこころの深くに、人間としての劣等感、自己不全感があったからであり、そんな劣等感や自己不全感を抱かざるを得なかったのは、子どものころに負ったこころの痛みによるものでした。

この章の初めに、私は「良いカウンセラーになりたい」と願ってものすごく努力した、とお話ししました。私のそのがんばりの一部は、「人びとに幸せでいてほしい」という愛から来るものだったでしょうが、それと同時に、「有能なカウンセラーでなければ自分は存在価値が低い」という劣等感からくるがんばりもありました。

マイナスの信念や感情からの行動は、同じようなマイナスの結果を引き寄せます。ですから私は、カウンセリングがうまくいかず苦しむことになりました。私が抱え続けていた、でも見ないようにしていたので気づかなかった劣等感が、えぐられる経験になりました。

❍聴き手の人間としての成長が、傾聴能力の成長につながる❍

話し手が良くなってくれることを聴き手が必要とすると、ありのままの話し手を尊重できませんし、話し手には負担になります。聴き手は知らず知らずのうちに話し手に対して、「あなたが良くなってくれないと私が困ります。私のために良くなってください」と迫ってしまうからです。もちろん、聴き手がそんな言葉を口にすることはないでしょうが、聴き手のその思いはどこかで話し手に伝わり、話し手には重い負担になり、話し手‐聴き手関係を妨げます。

自分がカウンセリング（心理療法）を受けて、こころの痛みや葛藤をより解決するほど、ゆとりができます。すると本当に話し手のことを思って援助ができます。聴き手の良さがさらに輝きだし、潜在能力が発揮されるでしょう。

解決していないこころの痛みは、さまざまな悩みや症状として表れます。「人とどう距離を取ればいいか分からない」「自分の人生を生きている実感が乏しい」「人の目が気になる」などなど。それらの問題の原因を癒して手放すことなく抱えたままだと、聴き手（カウンセラー）としての成長はひどく制限されます。

また、話し手の感情をあたかも自分のことのようにひしひしと、ありありと、生き生きと共感的に想像し感じるためには、聴き手が自分自身の感情を、生き生きと、ありありと感じられることが必要です。カウンセリングを受ければ感情を抑圧する必要性が減りますから、感情に生き生きと開かれてきます。それによって、共感する力を豊かに伸ばす素地ができます。

そうはいっても、カウンセリングを受けること、スーパービジョンを受けることへの抵抗感は、きっと誰のこころにもあると思います。その抵抗感の真の原因は、簡潔にいうと、自分の感情をありのままに感じることへの恐怖と、人と心理的に近くなって傷つけられたりコントロールされたりすることへの恐怖だろうと私は思います(1)。

このような不安は誰しももっているものでしょう。しかしその不安は傾聴の能力を阻害します。なぜなら、自分の感情が豊かに感じられ、人を警戒する心のガードを下ろせてこそ、安全で信頼に満ちた対話の関係が結べるからです。ですから、人のこころを援助するためには、自分がカウンセリングを受けて、そんな不安の源をより高い程度に解決することが必要です。

なお、傾聴について指導・トレーニングをしてもらう先生と、自分のカウンセラーになってもらう専門家は、別の人にする必要があると思います。同じ専門家一人に両方の役割を期待すると、どちらも中途半端になりかねません。

2 傾聴のコツ

次に、私がプロのカウンセラーとして心がけている傾聴のコツをお伝えします。

【1】傾聴の根本的な態度について

傾聴とは、とにかく話し手を理解し、その理解を返すことです。このことについてはどの章でも詳しく述べてきました。私の、カウンセリングを受けた来談者としての経験と、カウンセリングを提供するプロとしての経験では、話し手への理解の度合いが高いほど、話し手‐聴き手の関係が、

（1）このことについては、『カウンセリングとソーシャルサポート――つながり支えあう心理学』（ナカニシヤ出版、二〇〇七年）の拙章「第十三章　人はなぜカウンセリングを受けたがらないか」で、ていねいに説明しています。

話し手にとって安全であり、自分らしさを取り戻し、成長を促す関係になると思います。それはまた聴き手自身にも、人としての豊かさと深さを与える関係でもあると思います。

〔2〕話し手の気持ちをできるだけありありと想像しながら聴くこと

話し手の支えになる共感的な理解とは、事情聴取のように「いつ、どこで、誰が、何をして、どうなった」という客観的な事実を集めることではありません。**共感的は理解とは、話し手が感じていること、考えていること、表現していることを、あたかも話し手であるかのように、話し手の身になって、できるだけありありと、ひしひしと、想像して感じながら一緒にいること**です。そのように、ありありと、生き生きと理解することが最も本質的で、聴き手が「何を言うか」は本質的なことではありません。

ですから、たとえば第3章の、「お父さんに電話して、私に代わって説得してください」という少女の話を聴くときには、お父さんから理解されない彼女の苦悩、寄る辺なさ、あなたを頼らざるを得ない心細さ、助けてほしくてたまらない気持ちを、あたかも彼女になったかのようにできるだけありありと想像して、気持ちを感じながら一緒にいることが最も大切です。そのうえで、あなたの理解を時々にでも言葉にして返すことが、傾聴になります。

〔3〕相づちは多めに、大きめにしましょう

本書では、話し手の発言に対して言葉で返す練習をしてきました。しかし実際の対話では、聴き手は「うん、うん」「はい」などの相づちや、「分かります」「なるほど」「そうですか」などの言葉をはさめば、それで十分なことも多いでしょう。

また、話し手の語りのなかで、特に大切そうな単語だけを取り出して短く繰り返すことも、理解を伝える有益な方法です。例を二つ挙げましょう。

【その1】

話し手「朝起きるとダルくて、会社に行く体力も気力もないんです」

聴き手「体力も気力もない……」

話し手「ちゃんと寝たとか、休めた、という感じがまったくなくて……朝からゆううつな気分で」

聴き手「ゆううつ……」

話し手「そうなんです。会社に行かなきゃ、とは思うんだけど……（語りが続く）」

【その2】

話し手「電車の中で、わけもなく急に心臓がドキドキして、めまいがして、もうびっくりですよ、えっどうしたんだろう、って」

聴き手「どうしたんだろう、って」

話し手「こんなこと、初めてですからね。私は立ちくらみの経験すらなかったんですけど、そのときは突然、心臓はバクバク、冷や汗は出るし……それで、すごく人目が気になったんです」

聴き手「人目が気になった……」

話し手「みんなからジロジロ見られているような気がして……（語りが続く）」

また、言葉を返すだけではなく、相づちやうなずきも、一生懸命に聴いていることを伝えるために大切なことです。特に話し手が話しづらそうなときには、「うん、うん」「はい、はい」などの相づちや、うなずきを多くしましょう。

【4】口から息を吐きながら体を緩め、自分の体を感じながら聴く

この項で今からお伝えすることは、傾聴やカウンセリングの本にはほとんど書かれていないことですが、私はとても重要だと思うことです。

私は、傾聴を学ぶ人に日々の瞑想を勧めます。瞑想の方法はたくさんあり、人それぞれに合う方法があると思います。しかし私が初めに勧める方法は、静かな場所で落ち着いて座り、目を閉じて、ゆったり深く呼吸をすることです。(2)

そのとき、吸う息と吐く息に意識を集中します。腹の底から出る息を口から、ほそーく、ながーく時間をかけて吐き、吐き終わったら鼻から腹の底へと息を軽く吸います。そのゆっくりした呼吸をしばらく繰り返してこころが落ち着いたら、意識を体に向けます。そして体を感じながらゆったりと呼吸を繰り返します。体の緊張しているところを探し、緊張を感じたら、吐く息と一緒に口からその部分の緊張を吐き出します。そうして体をゆったりと緩めていきます。

途中で何度も雑念が湧くでしょう。まったくかまいません。雑念が湧いたことに気づいたら、静かに注意を体全体を感じることに戻します。

私はまた、考えと考えの間（一つの雑念と一つの雑念の間）に、考えの存在しない無の空間があると思って、その無の空間に全神経と全注意を集中することもよくあります。その空間（空《くう》のスペース）に、ゆったり呼吸をしながら、できるだけじっといるように努めます。考えが起きたときには、それに気づいたら、その空《くう》のスペースに注意を優しく戻します。これを繰り返します。傾聴

（2）この瞑想法は、詳しくは『さとりをひらくと人生はシンプルで楽になる』（エックハルト・トール著、徳間書店、二〇〇二年）で説明されています。ぜひ読まれることをお奨めします。

している間も、気がついたときにそのことに留意します。

これが傾聴にどう役立つのかをお話しします。

私たちは傾聴を学びはじめたときには、話し手の話を聞きながら、頭のなかでは「何と言って返そうか」とあれこれ考えてしまいがちです。でも、それをしているときには私たちは自分の考えに注意が向いており、話し手からこころが離れているので、傾聴はできていません。

傾聴するときには、自分の考えにとらわれるのではなく、話し手に注意を向けながら、注意の何分の一かは自分の体に合わせて体をじっと感じながら、口から息を吐き体をゆったりさせて聴くようこころがけます。

体を感じることは、話を聴きながら自分のなかに起きてくる感情や感覚などを感じることです。そうしながら話を聴くほど、話し手-聴き手の関係性が良くなるとともに、話し手の変化が促される対話になるように思います。

また話し手が沈黙したときにも、聴き手はゆったり口から息を吐きながら体を緩めてその場にいることが大切です。沈黙には意味があります。たとえば、話し手が自分の感情や考えを吟味しているのかもしれません。混乱して話せないのかもしれません。話したいことが浮かんだけど、何かの理由で話すことをためらっているのかもしれません。

聴き手は沈黙の意味を理解するために、沈黙する話し手と一緒にいながら、自分の体を感じることを通して話し手の気を感じます。また、必要に応じて問いかけます。たとえば、「何かお考えが浮かんでおられるでしょうから、もしよければ何がこころにあるのか、教えていただけますか」とか、「少し混乱されていますか」「言いたいことがあるけど言うことをためらっておられるのかな、と感じますが、いかがですか」「さきほど私が～と言いましたが、あなたの感じにはそぐわないでしょうか」など。

このときは、「話させよう」とか、「緊張を和らげよう」「話しやすくしよう」という意図で問いかけるのではありません。あくまで「理解しよう」とします。つまり、話し手の考えていること、感じていること、表現していることを理解し、その理解を言葉で返そうという態度が大切です。

なお、日々の瞑想ははじめは五分間からでも始め、慣れるにつれて、たとえば朝と晩に十五分ずつぐらい行うと、傾聴力アップに加え、人生の質が向上するでしょう。強くお勧めします。

【5】話し手のもつ解決力、成長力をみる態度を根本にもちながら傾聴する

この項でお伝えすることも、傾聴やカウンセリングの本などで述べられることはまずありませんが、これも私はとても重要だと思うことです。

私たちが傾聴するとき、話し手の苦しみを共感的に理解する営みの根本のところで、話し手の成長力・生きる力をみていることが大切だと思います。話し手のことを「苦しむ人」とみるのではなく、「苦しみから立ち直る過程にいる人」だとみるのです。苦しみのなかにいながら、立ち上がろうとする生命力をみるのです。

しかし私なら、話し手に対して、そのことを口にすることはありません。話し手について、苦しみにはまっていてポジティブな言葉なんかでは救われない閉塞感と、そしてそのことの絶望感を共感的に理解することが大切だと思うからです。でも、傾聴と理解という営みの根底に、言葉にはしませんが私たちの意識として、話し手の成長力を見続ける視点が必要だと思います。それによって、成長力が活性化される気が話し手に伝わり、話し手は気づかないうちに感化されると思います。

おわりに

癒されないこころの傷つきが、自分をさらに傷つける行動をとらせるとともに、他人を傷つけます。反対に、人の内にある思いやり、優しさ、楽しさが、その人自身も周りも幸せにします。私たちは、自分と他人を傷つけて不幸を増やすために生まれてきたわけではないでしょう。少なくとも、この講座にここまでお付き合いくださったあなたならきっと、世の中から不幸を減らし幸せを増やしたい、と願っておられることでしょう。自分がいることによって、世の中がより良い場所になる。あなたはそのために生まれてきたのだと思いませんか。

ぜひ一緒に、傷つきを癒し、幸せを増やす仕事をしていきましょう。

もっと学びたいあなたにお勧めの本を紹介します。

○『ロジャーズが語る自己実現の道』カール・ロジャーズ著、岩崎学術出版社、二〇〇五年

傾聴の基礎は、米国の臨床心理学者カール・ロジャーズの「来談者中心療法」にあります。この本は、彼の最も代表的な著書の一つで、人間のこころについて、心理的援助について、人間の変化と成長についての彼の見方、考え方を学ぶためにぴったりの本です。

○『やさしいカウンセリング講義――もっと自分らしくなれる、純粋な癒しの関係を育むために』

古宮昇著、創元社、二〇〇七年

人が、より自分らしく成長し自由になれる人間関係とは、どのような人間関係なのかを易しく解き明かした本です。カール・ロジャーズの「来談者中心療法」の見方と、オーストリアの精神科医ジグムント・フロイトが創始した「精神分析理論」の見方をもとに、本書の基礎となる人間観をお伝えしています。

つぎの方々から、本書を書くにあたって貴重な助けをいただきました。ありがとうございました。太田愛子さん（大阪樟蔭女子大学）、鍵山建さん（大阪経済大学）、蔦田夏さん（ストレスカウンセリング・センター）、中谷桂子さん（キャリア・カウンセラー）、難波明日美さん（大阪ＹＭＣＡ国際専門学校）、新田南海子さん（大阪経済大学）、平野智子さん（関西大学）、升田祝子さん（大阪ＹＭＣＡ高等専門課程）、安原久美子さん（同志社大学）、山本早苗さん（メンタルケア天王寺）。

父と母に深く感謝しています。

私のカウンセリングに来てくださったクライエントの方々に、深く感謝しています。ありがたいご縁をいただきました。

また、舩岡三郎先生（大阪府立大学名誉教授・元京都女子大学教授）のご指導のおかげで、貴重なことをたくさん学ばせていただいています。感謝の言葉もありません。

誠信書房編集部の松山由理子さんと中澤美穂さんのお陰で、本書が世に出ることになりました。ありがとうございます。

二〇〇八年六月

古宮　昇

※講演などのご依頼にはできるだけお応えしますので、左記までご連絡ください。

なお、これまで次の内容について講演・ワークショップなどを行っています。

・臨床心理士、プロカウンセラー向け：ケース研究会講師。傾聴力をつける実践型ワークショップ。カウンセリングに関する講演。

・一般向け：傾聴の意味と大切さについての講演。聴き上手になるための講演と実習。良い人間関係をはぐくむコツ。

・非心理職のプロ対象：小・中・高校教師のための講演と実習。医療・福祉関係者対象の講演と実習。司法書士対象の講演と実習。

〒五三三-八五三三　大阪市東淀川区大隅2－2－8

大阪経済大学　古宮　昇　TEL　〇六（四八〇九）〇五五七〔大阪経済大学〕

FAX　〇六（四八〇九）〇五五八〔心理臨床センター〕

著者紹介

古 宮　昇（こみや　のぼる）

米国メリーランド州立フロストバーグ大学カウンセリング心理学修士課程修了
州立ミズーリ大学コロンビア校心理学部博士課程修了
ノースダコタ州立ノースセントラル・ヒューマン・サービス・センター常勤心理士，南ミシシッピー心理コンソーシアム・インターン心理士，州立ミズーリ大学コロンビア校心理学部非常勤講師などを経て，

現　在　大阪経済大学人間科学部教授，ニュージーランド国立オークランド工科大学心理療法学大学院客員教授，心理学博士（Ph D. in Psychology），臨床心理士

著　書　『心理療法入門――理論統合による理論と実践』創元社 2001
『しあわせの心理学』ナカニシヤ出版 2002
『大学の授業を変える――臨床・教育心理学の知見を活かした，学びを生む授業法』晃洋書房 2004
『やさしいカウンセリング講義――もっと自分らしくなれる，純粋な癒しの関係を育むために』創元社 2007
『共感的傾聴術――精神分析的に“聴く”力を高める』誠信書房 2014
など多数

傾《けい》聴《ちょう》術《じゅつ》
——ひとりで磨《みが》ける“聴《き》く”技術《ぎじゅつ》

2008年8月8日　第1刷発行
2018年6月25日　第12刷発行

著　者　古宮　昇
発行者　柴田敏樹
印刷者　西澤道祐

発行所　株式会社　誠信書房
〒112-0012　東京都文京区大塚3-20-6
電話　03（3946）5666
http://www.seishinshobo.co.jp/

あづま堂印刷／イマヰ製本所
検印省略　落丁・乱丁本はお取り替えいたします
ISBN978-4-414-40364-0 C0011　Printed in Japan